かぎ針編みの30作品

23番糸で編む
エコアンダリヤの
かごバッグ

誠文堂新光社

contents

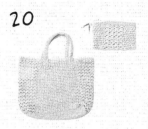

「エコアンダリヤ」について

掲載作品はすべてハマナカ株式会社の糸「エコアンダリヤ」の23番で編んでいます。エコアンダリヤは、木材パルプから生まれた天然素材（再生繊維・レーヨン）を使用しています。水にぬれると強度が落ちるため、水洗いはできません。作品が汚れた場合は、かたく絞ったタオルなどで拭き取ることをおすすめします。尚、ドライクリーニングは可能です。

エコアンダリヤは、編み進めるうちに編み地がうねることがあります。
その場合は、仕上げにスチームアイロンを2〜3cm離してかければ形が整います。
はっ水、防汚予防のため、作品の完成後に「エコアンダリヤ専用はっ水スプレー（H204-634）」の使用をおすすめします。

3

23番糸で編んだ新しいデザインのバッグです。

エコアンダリヤは木材パルプから生まれたナチュラルな糸。2018年に
出版した「23番糸で編むナチュラルカラーの30作品　エコアンダリヤ
のかごバッグ」は、エコアンダリヤの中でも特に人気の高い23番(ベージュ)
糸だけで作ったバッグを掲載し、多くの反響をいただきました。

あれから3年。
この本では、23番糸で編むルールはそのままに、新しいデザインのバッ
グを紹介します。シンプルな色なので、布や革などの異素材との相性も
抜群。エコアンダリヤは51色展開なので、色を変えて自分好みにアレン
ジするのもおすすめです。ぜひ、たくさんのバッグを作ってみてください。

メルカドバッグ

01 Mercado bag
How to make ▶ **P.48**
Design ／ Riko リボン

ネットに糸を編み付けるバッグ。物が
しっかり入り、型崩れもしないので、い
つでもきれいな形をキープできます。

模様編みの
トートバッグ a

02 Tote bag
How to make ▶ P.52
Design ／ Riko リボン

エレガントな模様編みのバッグ。定番の形とほどよいサイズ感で、抜群の使いやすさを誇ります。

模様編みの
トートバッグ b

03 Tote bag
How to make ▶ P.54
Design ／ Riko リボン

厚みのある編み地なのでたっぷり収納できます。大きな模様なのに中身が見えにくいのもポイント。

02

丸いフォルムと太めの持ち手の
バランスも絶妙です。

がま口ポーチ

04 Purse Pouch
How to make ▶ P.51
Design ／ ミドリノクマ

口が大きく開いて出し入れしやすいが
ま口ポーチ。スマホや財布も入るので
クラッチバッグとしても。

吾妻袋付き
グラニーバッグ

05 Azuma Granny bag
How to make ▶ P.66
Design ／高際有希

センターにタックを寄せたぽってり型。バッ
グに入れた吾妻袋は、両はしを結めば目隠し
になります。

ワンハンドルバッグ

06 One handle bag

How to make ▶ P.68

Design ／ blanco

シンプルな編み地のキューブ型が印象
的。模様編みのワンハンドルとウッドリ
ングがポイントです。

つつみ編みのかごバッグ

07 Basket Bag
How to make ▶ P.56
Design／Miya

底に底鋲を施し、編み地もしっかりした自立型バッグ。小ぶりながらマグボトルなどを立てて収納できます。

08 Square bag

How to make ▶ P.58

Design ／ blanco

スクエア型が印象的なバッグ。いつ
ものコーディネートを格上げする、イ
ンパクトのあるデザインです。

透かし模様の
グラニーバッグ

09 Granny bag
How to make ▶ **P.59**
Design／小鳥山いん子

物をたっぷり入れても、ラフな形を
キープできます。底はネットで補強し
ているので安定感抜群。

フリンジ巾着バッグ

10 Fringe bag

How to make ▶ P.64

Design ／ Riko リボン

細いスエード調紐のフリンジが個性的
なバッグ。開け口がスムーズで、物の
出し入れがしやすいのも特徴です。

11 Wayuu bag

How to make ▶ **P.70**

Design ／ミドリノクマ

エスニック柄を編み付けた民族風
バッグ。どんなシーンでも手軽に使
えるカジュアル感が魅力です。

スマホミニバッグ

13 Mobile mini bag
How to make ▶ **P.73**
Design ／ blanco

スマホプラスαを収納できるシンプル仕
様。ちょっとしたお出かけ時やサブバッ
グとして重宝します。

サコッシュ

12 Sacoche
How to make ▶ **P.74**
Design ／ Riko リボン

01のバッグと同じ、ネットに編み付
けるタイプ。財布、スマホ、ポーチな
どが入る便利なサイズです。

12

01

共にネットに糸を編み付
けて作るバッグ。お揃い
で使うのもおすすめです。

革ハンドルのバッグ

14 Leather handle bag
How to make ▶ P.72
Design ／ Miya

A4サイズがすっぽり入る使いやすい形のバッグ。革のハンドルがアクセントになります。

ハニカム模様の巾着バッグ

15　Drawstring bag

How to make ▶ P.61

Design／blanco

ハニカム模様が印象的な小ぶりなバッグ。紐を二重にすれば肩がけに、長くすれば斜めがけもできます。

28

丸い形がかわいいバッグ。置いたと
きに安定感があるので、インテリア
バスケットとしてもおすすめ。

まんまるがま口ポーチ

16 Round pouch
How to make ▶ **P.76**
Design ／ミドリノクマ

球体型のがま口ポーチ。見た目よ
りも収納力があるので、コインや
鍵、キャンディー入れなどに。

こま編みの
シンプルバッグ

18 Simple bag
How to make ▶ P.78
Design ／小鳥山いん子

こま編みだけで底から編み上げるビッ
グサイズのバッグ。使わないときは小
さく折りたためるのも便利。

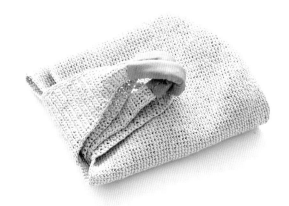

2 WAY フラワーバッグ

19 2way flower bag

How to make ▶ **P.44**

Design／小鳥山いん子

両面に施した立体的な花模様が目を引きます。2 WAY タイプで太めのマチ付きなので、使い勝手も抜群。

ポーチ付きトートバッグ

20 Tote bag with pouch

How to make ▶ P.80

Design／小鳥山いん子

オンオフいつでも持ち歩ける、使いやすいデザインとたっぷりの収納力が魅力。お揃いのポーチにはICカードや鍵などを入れて。

スクエアバッグ

21 Square bag
How to make ▶ P.82
Design／高際有希

大きめサイズのペタンコバッグ。ア
シンメトリーなレザー布の持ち手が
コーディネートのアクセントに。

メリヤスこま編みの
マルシェバッグ

22 Marche bag
How to make ▶ P.84
Design ／ミドリノクマ

定番のマルシェバッグ。こま編みと
は少しニュアンスの異なるメリヤスこ
ま編みの編み地が新鮮です。

吾妻かご風バッグ（小）

23 Azuma basket bag
How to make ▶ P.85
Design ／高際有希

かごと吾妻袋を組み合わせたミニバッグは、ちょっとしたお出かけのお供に。和装にもおすすめです。

吾妻かご風バッグ（大）

24 Azuma basket bag
How to make ▶ P.87
Design ／高際有希

23のバッグを大きくしたタイプ。かご部分
の編み地がしっかりしているので、物をたっ
ぷり入れても安心。肩がけもできます。

スクエア型の
お買い物バッグ

25 Square shopping bag

How to make ▶ **P.88**
Design ／高際有希

糸3本どりでかっちり仕上げた長方形
バッグ。型崩れしにくいので、お買い
物バッグとしてもおすすめです。

ロープハンドルのバッグ

26 Rope handle bag

How to make ▶ P.89

Design ／ Riko リボン

ロープの持ち手とレザーの飾りがシンプ
ルなバッグと好相性。夏のコーディネー
トを引き立てます。

ポンポン付き
サークルバッグ

27 Circle bag
How to make ▶ P.90
Design／くげなつみ

半球型のポンポンを全面に敷き詰め
た個性的なデザイン。コーディネート
のポイントになる存在感です。

8mm の大きなかぎ針でザクザクと、持ち手まで一気に編めるバッグ。カジュアルなお出かけ用として、野菜などのストックバッグとしてもおすすめです。

チェーンを外せばクラッチバッグに。
シンプルなコーディネートを引き立て
てくれます。

モチーフ編みの
がま口バッグ

29　Purse bag

How to make ▶ P.94
Design ／ミドリノクマ

立体的なフラワーモチーフを組み合
わせた 2WAY タイプ。エレガントに
持てるのが魅力です。

レース使いのポシェット

30 Lace pochette
How to make ▶ P.93
Design ／ Miya

シンプルなバッグをレースで飾った
フェミニンなデザイン。チェーンを外せ
ばクラッチバッグとしても使えます。

17

11

15

24

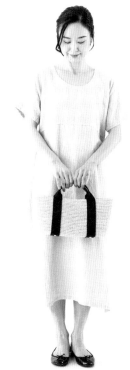

07

19

19 2WAY フラワーバッグ ▶ P.28

立体模様の編み方

バッグの中央にある立体模様の、10〜14段目の編み方を紹介します。
P.45の編み図とP.46のテキストと合わせてご覧ください。

7段目、10段目の「長編みの表引き上げ編み3目の玉編み」(2〜6)

7段目の長編みの足。

1の長編みの足に未完成の長編み表引き上げ編みを1目編む。

2を繰り返す。

もう一度2を繰り返す。

針に糸をかけ、矢印の方向へ引き抜く。

長編みの表引き上げ編み3目の玉編みの完成。

P.45の編み図のとおり編み、10段目が完成。

11〜13段目の編み方

こま編みを64目編み、11段目が完成。

P.45の編み図のとおり編み、12段目が完成。

こま編み1目、前段のくさり編み5目に長編みを9目編み入れ、こま編み1目を編む。

10を繰り返し、13段目が完成。

14段目の編み方

こま編みを1目編む。

くさり編みを2目編む。

前段(13段目)の編み地を手前に倒し、前々段の目にこま編みを1目編む。

くさり編みを2目編む。

前段の編み地を倒したまま前々段の目にこま編みを1目編む。

くさり編みを2目編む。

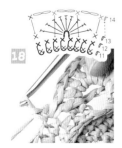
前段にこま編み1目編む。

くさり編みを5目編む。

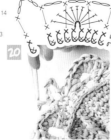
前段にこま編み1目編む。

12〜19を繰り返し、14段目が完成。

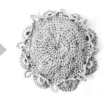
14段目の裏側。

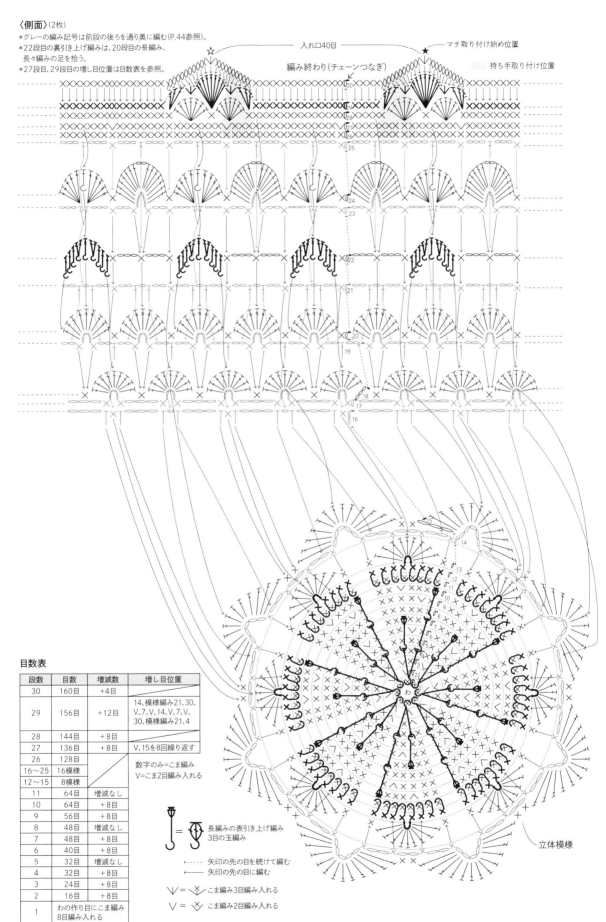

〈側面〉(2枚)

＊グレーの編み記号は前段の後ろを通り奥に編む(P.44参照)。
＊22段目の裏引き上げ編みは、20段目の長編み、長々編みの足を拾う。
＊27段目、29段目の増し目位置は目数表を参照。

入れ口40目
マチ取り付け始め位置
編み終わり(チェーンつなぎ)
持ち手取り付け位置

立体模様

目数表

段数	目数	増減数	増し目位置
30	160目	+4目	14、模様編み21、30、V、7、V、14、V、7、V、30、模様編み21、4
29	156目	+12目	
28	144目	+8目	
27	136目	+8目	V、15を8回繰り返す
26	128目		
16～25	16模様		数字のみ=こま編み
12～15	8模様		V=こま2目編み入れる
11	64目	増減なし	
10	64目	+8目	
9	56目	+8目	
8	48目	増減なし	
7	48目	+8目	
6	40目	+8目	
5	32目	増減なし	
4	32目	+8目	
3	24目	+8目	
2	16目	+8目	
1	わの作り目にこま編み8目編み入れる		

= 長編みの表引き上げ編み3目の玉編み

‹‑‑‑‑ 矢印の先の目を続けて編む
◀‑‑‑‑ 矢印の先の目に編む

∨ = こま編み3目編み入れる
∨ = こま編み2目編み入れる

[糸] ハマナカ エコアンダリヤ
　　ベージュ(23)320g
[針] かぎ針6/0号、とじ針
[その他] Dカン(内幅3cm×内高2cm)2個、ナスカン付きDカン
　　　　(Dカンと同サイズ)2個、アジャスター(紐幅3cm用)1個
[ゲージ] 本体中央丸モチーフ編み直径11段=11cm
[仕上がりサイズ] 図参照

[作り方]
①側面を2枚編む。わの作り目にこま編み8目編み入れ、30段目まで編む
　(P.45参照)。
②マチを編む。くさり編み20目で作り目をし、往復編みで120段目まで編む。
　糸は切らず休ませておき、〈図A〉を参照し、側面にこま編みではぐ。
③持ち手を2本編む。〈図B〉を参照し、組み立てる。
④ショルダー紐を作る。ショルダー紐とDカンパーツを編み、〈ショルダー
　紐作り方〉を参照し、各必要パーツを編み組み立てる。
⑤〈図C〉と編み図の各パーツ取り付け位置を参照し、それぞれ縫い付ける。

〈マチ〉
編み終わり(糸を切らず続けて側面とはぐ)

= 足ではなく
　頭をすくう

Dカンパーツ
取り付け位置

編み始め(作り目くさり編み20目)

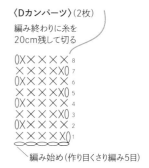

〈Dカンパーツ〉(2枚)
編み終わりに糸を
20cm残して切る

編み始め(作り目くさり編み5目)

編地を半分に折り、Dカンを通し
巻きかがりでとじる。
これを2個作る。

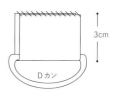

3cm

Dカン

〈図A〉
①マチの120段目の最終目と側面1★の目
　を外表に合わせ、休ませておいた糸で図
　のように☆までこま編みはぎをする。
②マチの入れ口側を大きいこま編みで縁編
　みする。
③マチの1段目最終目と本体2★の目を外
　表に合わせ、こま編みで☆まではぐ。
④マチの反対側の入れ口を大きいこま編み
　で縁編みし、最初の目に引き抜き編みを
　する。

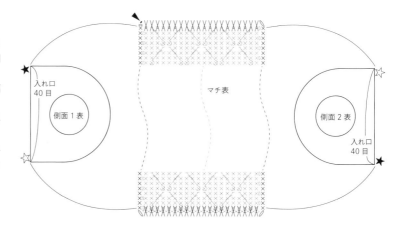

入れ口
40目

側面1表

マチ表

側面2表

入れ口
40目

◤ 糸を切る

╳ 大きいこま編み
　前段を編みくるみ、前々段の
　頭にこま編みを編み入れる

★ マチ取り付け始め位置 (P.45 側面編み図参照)

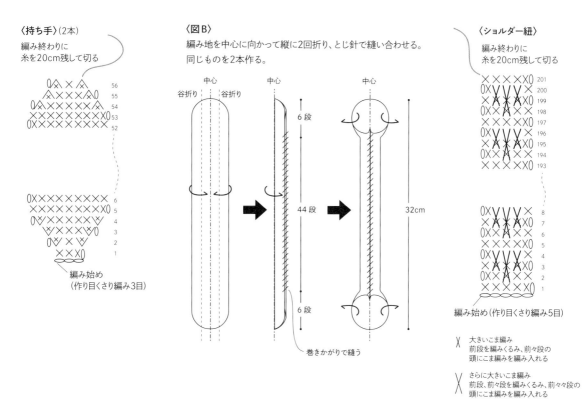

〈持ち手〉(2本)
編み終わりに
糸を20cm残して切る

56
55
54
53
52

6
5
4
3
2
1

編み始め
(作り目くさり編み3目)

〈図B〉
編み地を中心に向かって縦に2回折り、とじ針で縫い合わせる。
同じものを2本作る。

中心
谷折り　谷折り
中心
6段
44段
6段
巻きかがりで縫う

中心
6段
44段
32cm

〈ショルダー紐〉
編み終わりに
糸を20cm残して切る

201
200
199
198
197
196
195
194
193

8
7
6
5
4
3
2
1

編み始め(作り目くさり編み5目)

✕ 大きいこま編み
前段を編みくるみ、前々段の
頭にこま編みを編み入れる

✕ さらに大きいこま編み
前段、前々段を編みくるみ、前々々段の
頭にこま編みを編み入れる

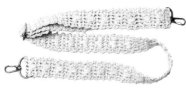

〈ショルダー紐作り方〉
①ナスカン付きDカンとアジャスターを紐に通し、ナスカン付きDカン1
　の方を4cm折り返し、巻きかがりで縫う。

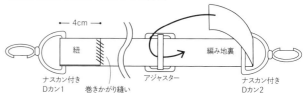

4cm
紐
編み地裏
ナスカン付き
Dカン1
巻きかがり縫い
アジャスター
ナスカン付き
Dカン2

②アジャスターに紐を通して、4cm折り込み、端を上の紐に巻きかがりで縫う。

4cm
紐
ナスカン付き
Dカン1
アジャスター
ナスカン付き
Dカン2

55cm～106cm

〈図C〉

5段
5目　5目　　5目　5目
側面
72.5cm=120段
マチ
側面
半円120目

30cm=30段
12cm=20目

28cm=40目

▦ Dカンパーツ取り付け位置
▦ 持ち手取り付け位置

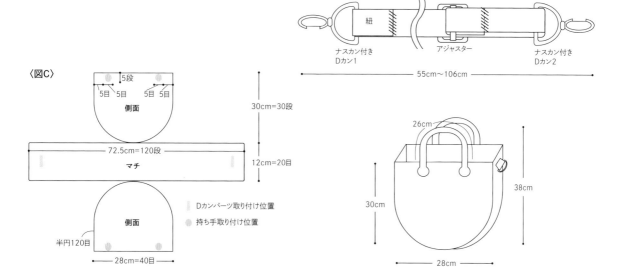

26cm
30cm
38cm
28cm

47

01 メルカドバッグ ▶ P.6

[糸] ハマナカ エコアンダリヤ ベージュ (23) 180g
[針] かぎ針 10/0号、とじ針
[その他] ハマナカ あみあみファインネット(H200-372-4)
ベージュ1枚
[仕上りサイズ] 図参照

[作り方]
※糸は2本どりで編みます。

①カット図のとおり、ネットのマスから必要パーツを切り出す。グレー部分(折り曲げ部分)のマスもカットする。
②ネットに編み付ける。P.49の〈編み付け・縁編み〉を参照し、①のネットに編み付ける。
③バッグ口側の縁編みを編む(P.49参照)。
④底側の縁編みを編み、巻きかがりではぎ合わせる(P.50〈側面底側〉参照)。
⑤持ち手を取り付ける。スレッドコード1mを2本編み、P.49の持ち手通し位置に取り付ける(P.50〈持ち手の作り方〉参照)。

〈ネット組み立て図〉

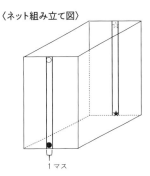

1マス

〈カット図〉

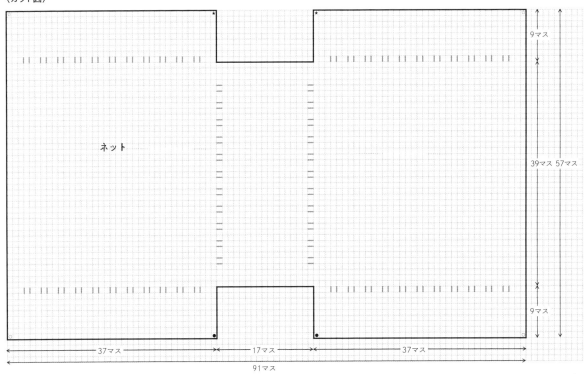

‖‖ マスをカットする

〈ネットの編み付け方〉

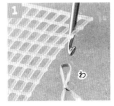

端の目のわを作り、ネットの裏面に置き、ネットの表面から針を刺す。

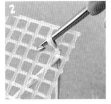

針に端の目のわをかけ、裏面から編み始めのマスの表面に引き出す。

次のマスに針を入れ、糸をかける。

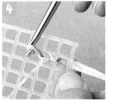

そのまま引き抜き編みを編む。

3、4を繰り返し、同様に編み進める。

〈編み付け・縁編み〉※糸処理は、都度行ってください。

①a〜dの順で本体を編む。グレーの引き抜き編みは、同じ印同士(●-●、○-○、☆-☆、★-★)のマスを合わせて、2枚一緒に編む(P.48〈ネット組み立て図〉参照)。

②バッグ口側に糸を付け、縁編みを編む。 縁編みのこま編みは、編み入れるマスの引き抜き編みの半目(縁編み1〜4目めに記載)も一緒に拾い編む。

③側面の底側に糸を付け、バッグ口と同様に縁編みをし、向かい合う目を巻きかがりではぎ合わせる(P.50〈側面底側〉参照)。

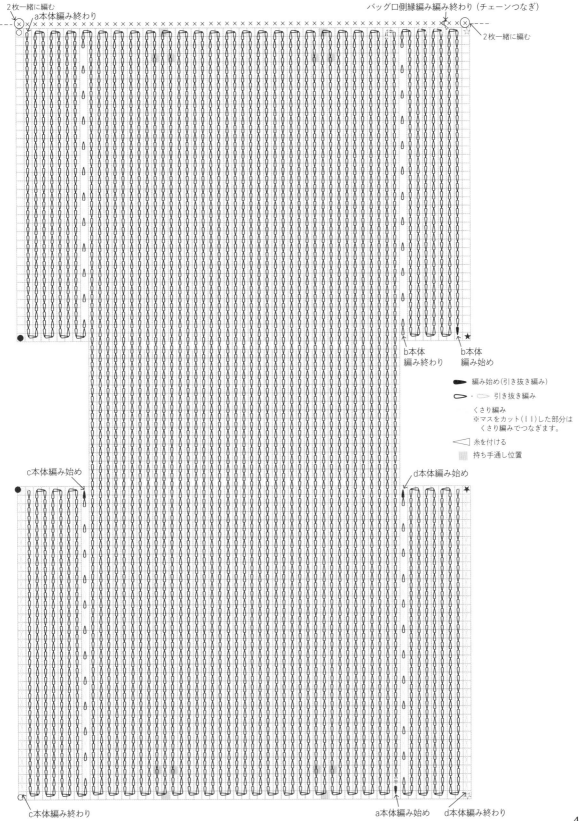

2枚一緒に編む
a本体編み終わり
バッグ口側縁編み 編み終わり (チェーンつなぎ)
2枚一緒に編む

b本体編み終わり
b本体編み始め

編み始め(引き抜き編み)
・ 引き抜き編み
くさり編み
※マスをカット(11)した部分はくさり編みでつなぎます。
糸を付ける
持ち手通し位置

c本体編み始め
d本体編み始め

c本体編み終わり
a本体編み始め
d本体編み終わり

〈側面底側〉

①バッグ口縁編みと同様に、引き抜き編みの半目も一緒に拾い、こま編みを一周(1マスに1目)編む。

②残り糸をとじ針に通して、向かい合う目(矢印の目)を巻きかがりではぎ合わせる。反対側も同様に編む。

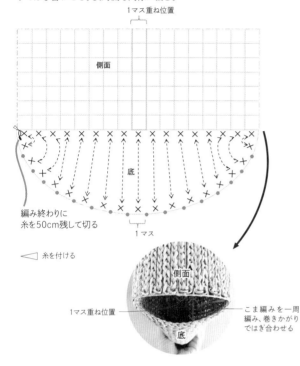

1マス重ね位置

側面

底

編み終わりに
糸を50cm残して切る

1マス

◁ 糸を付ける

1マス重ね位置

こま編みを一周
編み、巻きかがり
ではぎ合わせる

側面

底

〈持ち手の作り方〉 ※イラストは、わかりやすいように1本取りになっています。

① 10/0号針・糸2本どりでスレッドコード1mを2本編む。

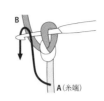

(1)必要な長さの3倍(3m)の
糸端を残し、針の手前から
向こう側にAをかける。

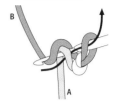

(2)針にBをかけ、矢印の方
向に引き抜く。

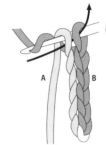

(3)(1)、(2)を繰り返し、1m
(約120目)になるまで編む。

② ①の1本をP.49の持ち手通し位置に通し、裏面で結ぶ。

③ 持ち手の行きと帰りの2本が同じ長さになるように調整し、糸
処理をする。反対側も同様に持ち手を付ける。

＊1本のスレッドコード(1m)を
二重にするため、わかりやすいように、
行きと帰りで色を変えています。

■ 行き　■ 帰り

始まり

終わり

本体裏面

→

■ 持ち手通し位置

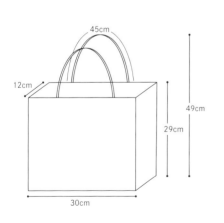

45cm

12cm

49cm

29cm

30cm

編み始めの目

2本どりで編んでいるため、
スレッドコードの編み終わり
は糸4本になる。そのうちの
2本をスレッドコードの編み
始めの目に通す。

残りの2本と固結びをし、糸
処理をする。

04 がま口ポーチ ▶ P.10

[糸] ハマナカ エコアンダリヤ ベージュ(23)75g
[針] かぎ針6/0号、とじ針
[その他] ハマナカ編みつける口金(13cm/H207-021-4)
アンティーク1組
[ゲージ] 模様編み19目20段=10cm
[仕上りサイズ] 図参照

[作り方]
①底を編む。くさり編み21目で作り目をし、往復編みで
13段目まで編む。
②側面を編む。底の周りから目を拾い、往復編みで26段
目まで編む。
③口金を付ける。27段目で口金を編み込む(〈口金の拾
い方〉、〈口金の拾い位置〉参照)。

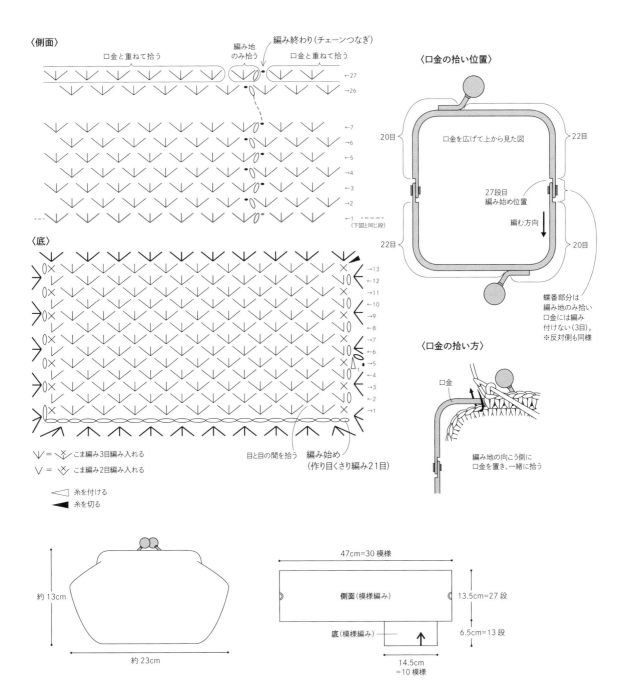

〈側面〉

口金と重ねて拾う　　編み地のみ拾う　　編み終わり(チェーンつなぎ)　口金と重ねて拾う

←27
→26

←7
→6
←5
→4
←3
→2
←1
(下図と同じ段)

〈底〉

→13
←12
→11
←10
→9
←8
→7
←6
←5
→4
←3
←2
→1

∨ = こま編み3目編み入れる
∨ = こま編み2目編み入れる

目と目の間を拾う　編み始め
(作り目くさり編み21目)

糸を付ける
糸を切る

〈口金の拾い位置〉

口金を広げて上から見た図

20目　　　　　　　　22目

27段目
編み始め位置

編む方向

22目　　　　　　　　20目

蝶番部分は
編み地のみ拾い
口金には編み
付けない(3目)。
※反対側も同様

〈口金の拾い方〉

口金

編み地の向こう側に
口金を置き、一緒に拾う

約13cm

約23cm

47cm=30 模様

側面(模様編み)　　13.5cm=27 段

底(模様編み)　　6.5cm=13 段

14.5cm
=10 模様

51

02 模様編みのトートバッグ a ▶ P.8

[糸] ハマナカ エコアンダリヤ ベージュ (23) 170g
[針] かぎ針6/0号、とじ針
[ゲージ] こま編み17目18段=10cm
模様編み17目6.5模様=10cm
[仕上りサイズ] 図参照

[作り方]
①底を編む。わの作り目にこま編みを6目編み入れ、22段目まで編む。
②側面を編む。底から続けて49段目まで編む。
③持ち手を2本編む。わの作り目に5目編み入れ、39段目まで編む。
④持ち手を付ける。〈図A〉を参照し、とじ針で持ち手取り付け位置の編み地の裏面に、表にひびかないように縫い付ける。

持ち手取り付け位置(他3カ所は〈図A〉参照)　編み終わり(チェーンつなぎ)

〈側面〉

〈底〉

←----- 矢印の先の目を続けて編む

←--- 矢印の先の目に編む

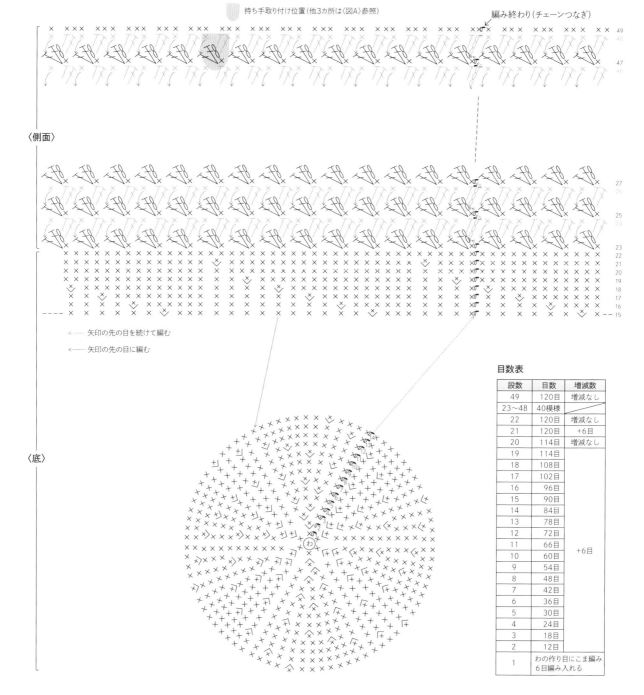

目数表

段数	目数	増減数
49	120目	増減なし
23~48	40模様	
22	120目	増減なし
21	120目	+6目
20	114目	増減なし
19	114目	
18	108目	
17	102目	
16	96目	
15	90目	
14	84目	
13	78目	
12	72目	
11	66目	+6目
10	60目	
9	54目	
8	48目	
7	42目	
6	36目	
5	30目	
4	24目	
3	18目	
2	12目	
1	わの作り目にこま編み6目編み入れる	

〈模様編みの編み方〉

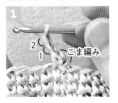

23段目を編む。1目めにこま編みを編み、続けてくさり編みを2目編む。

1目めのこま編みと同じ目を拾い、長編みを編む。

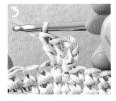

2と同様に長編みをもう1目編む。

2目とばして、こま編みを編む。

1〜4を繰り返し、P.52の編み図のとおり編み進める。

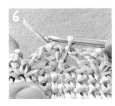

1目めのこま編みに引き抜き編みをして23段目が完成。

6で引き抜き編みをしたこま編みの次の目のくさり編みに針を入れる。

そのまま引き抜き編みをする。

続けて、くさり編みを3目編む。

前段くさり編みを束で拾い、中長編みを編む。

こま編みを編む。

前段くさり編みを束で拾い、長編みを編む。

前段くさり編みを束で拾い、中長編みを編む。

こま編みを編む。

12〜14を繰り返し、P.52の編み図のとおり編み進める。

〈持ち手〉(2本)
編み終わりの糸にとじ針を通し、最終段の目をすべて拾い引き絞る。

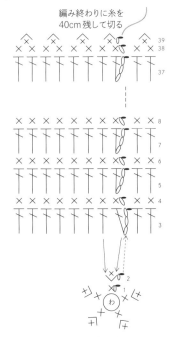

←----- 矢印の先の目を続けて編む
←—— 矢印の先の目に編む

〈図A〉

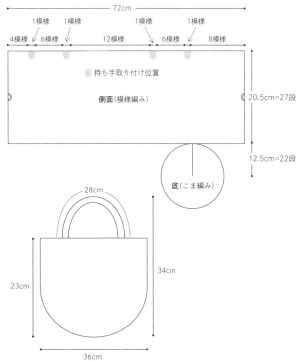

53

O3 模様編みのトートバッグ b ▶ P.8

[糸] ハマナカ エコアンダリヤ ベージュ (23) 180g
[針] かぎ針6/0号、とじ針
[その他] ハマナカ レザー底 大(H204-616)こげ茶 1枚
[ゲージ] 模様編み18目6模様=10cm
[仕上りサイズ]図参照

[作り方]
①作り目を編み、レザー底に引き抜き編みを一周し、チェーンつなぎ後、糸処理をする。1段目は、作り目(引き抜き編み)1目にこま編みを2目ずつ編み入れる。続けて底を3段目まで編む。
②側面を編む。4～31段目は模様編みで編み、6～31段目は往復編みで編む。
③持ち手を2本編む。わの作り目にこま編み4目を編み入れ、31段目まで編む(〈持ち手〉参照)。
④持ち手を付ける。〈図A〉を参照し、とじ針で持ち手取り付け位置の編み地の裏面に、表にひびかないように縫い付ける。

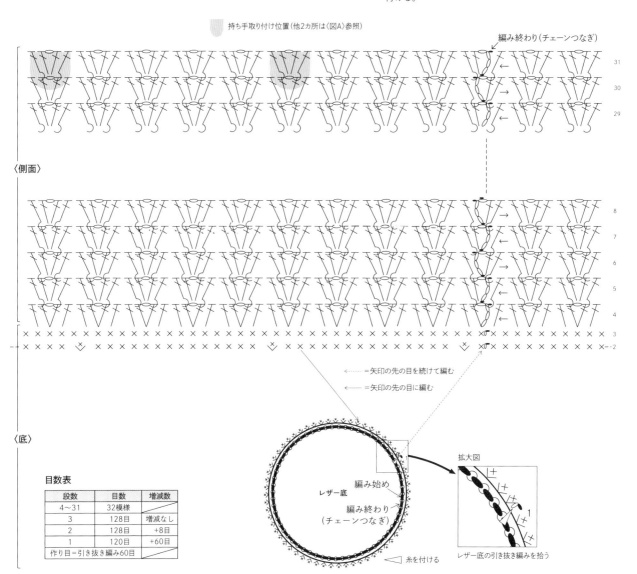

持ち手取り付け位置(他2カ所は〈図A〉参照)

編み終わり(チェーンつなぎ)

〈側面〉

〈底〉

.... =矢印の先の目を続けて編む
——— =矢印の先の目に編む

編み始め
レザー底
編み終わり
(チェーンつなぎ)
糸を付ける

拡大図
レザー底の引き抜き編みを拾う

目数表

段数	目数	増減数
4～31	32模様	
3	128目	増減なし
2	128目	+8目
1	120目	+60目
作り目=引き抜き編み60目		

〈模様編みの編み方〉

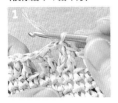

4段目が編み終わったところ。5段目を編む。

4段目最後の引き抜き編みをしたくさり編みの次の目のくさり編みに針を入れる。

そのまま引き抜き編みを編む。

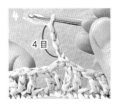

続けて、くさり編みを4目編む。

前段くさり編みを束で拾い、長編みを1目編む。

前段長編みの足を拾い

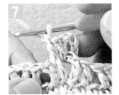

長編みの表引き上げ編みを編む。

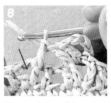

続けて、矢印の前段の長編みを拾い、長編みの表引き上げ編みを編む。

P.54の編み図のとおり編み進める。

5段目の最後の長編みの表引き上げ編みの手前まで編んだところ。

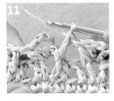

最後の長編みの表引き上げ編みは、前段立ち上がりのくさり編みを束で拾い編む。

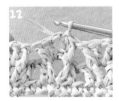

くさり編み3目めを引き抜き編みして5段目が完成。残りの6〜31段も同様に往復編みで編む。

〈持ち手〉(2枚)

編み終わりの糸にとじ針を通し、最終段の目をすべて拾い引き絞る。

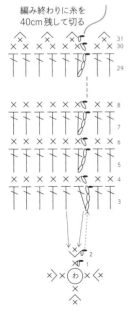

編み終わりに糸を40cm残して切る

←------ 矢印の先の目を続けて編む

←—— 矢印の先の目に編む

〈図A〉

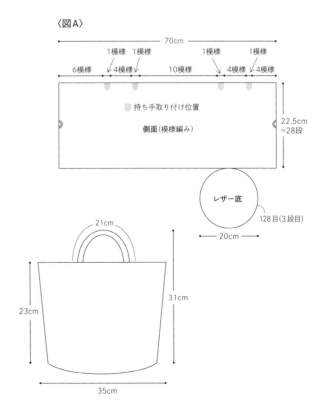

70cm

1模様　1模様　　　　　　　1模様　　　1模様

6模様　　4模様　　10模様　　　4模様　4模様

▨ 持ち手取り付け位置

側面(模様編み)

22.5cm
=28段

レザー底

128目(3段目)

20cm

21cm

23cm

31cm

35cm

55

07 つつみ編みのかごバッグ ▶ P.13

[糸] ハマナカ エコアンダリヤ ベージュ (23) 130g
[針] かぎ針6/0号、とじ針、縫い針
[その他] 紙紐(直径3.5mm)100g 、アクリルテープ持ち手
(全長70cm 幅18～38mm)黒 2本、黒の縫い糸、
底鋲(カシメ式 円錐台 10mm)ゴールド 4個、
段目リング、目打ち(底鋲用)、カナヅチ(底鋲用)、
固い台(底鋲用)
[ゲージ] こま編みの包み編み21目16 段=10cm
[仕上りサイズ]図参照

[作り方]
※糸は1本どりで、紙紐を芯糸にして編みます。
①底を編む。くさり編み36目で作り目をし、作り目の周りに

つつみ編みを編む。(〈つつみ編みの編み方〉参照)。2段
目以降は段目リングをその段の1目めに付け、両端で増
し目をしながら、立ち上がりなしでうず巻き状に9段目ま
で編む(P.57参照)。
②続けて側面を編む。形が歪まないように、適宜紙紐を引
き締め、形を整えながら編み、35目めの残り10目まで編
んだら、紙紐の寄りをとり、先を細く斜めにカットする。
寄りを戻し、35目めの最後まで編み、35目めの1目めに
引き抜き編みをする。36段目は、35段目の目を拾いなが
ら、1周引き抜き編みをする(P.57参照)。
③持ち手を付ける。底にアクリルテープを置き、底鋲を付
ける(〈底鋲の付け方〉参照)。縫い針で、アクリルテープ
を縫い付ける(〈図A〉参照)。

〈つつみ編みの編み方〉

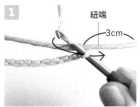

作り目に紙紐を沿わせ、紐端を
3cm程出して持つ。紙紐をつつみ
込みながら、針を糸にかけ、立ち上
がりのくさりを編む。

作り目を拾い、紙紐をつつみなが
らこま編みを1目編む。このとき、
1の紐端を折り返しておく。

作り目を1目ずつ拾い、芯となる
紙紐と**2**で折り返した紐端を一緒
につつみながらこま編みを編んで
いく。

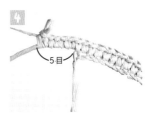

カーブの増し目は紙紐のみにつつ
み編みを5目編む。

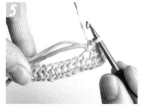

紙紐を折り曲げ、作り目の反対側
を拾いながら、紙紐と作り目の糸
端も一緒に編みつつむ。

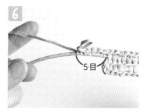

4と同様に、紙紐のみにつつみ編
みを5目編み、紙紐を折り曲げる。

段目リング

1段目の最初のこま編みの頭に針を
入れ、紙紐をつつみ込みながらこま
編みを編んだら1段目の完成。2段
目以降は立ち上がりなしのうず巻
き状に編むため、毎段編み始めの目
に段目リングで印を付けておく。

〈底鋲の付け方〉
アクリルテープの端から4cmの中央部分に目打ちなどで穴をあける。底の作
り目を中心にアクリルテープを配置し、穴に底鋲を差し込み、カナヅチで打つ。

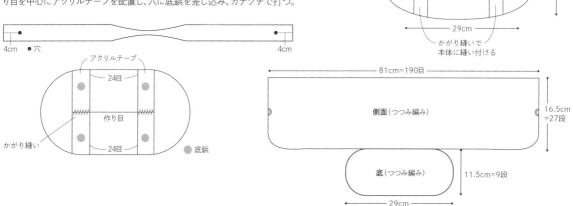

〈図A〉

56

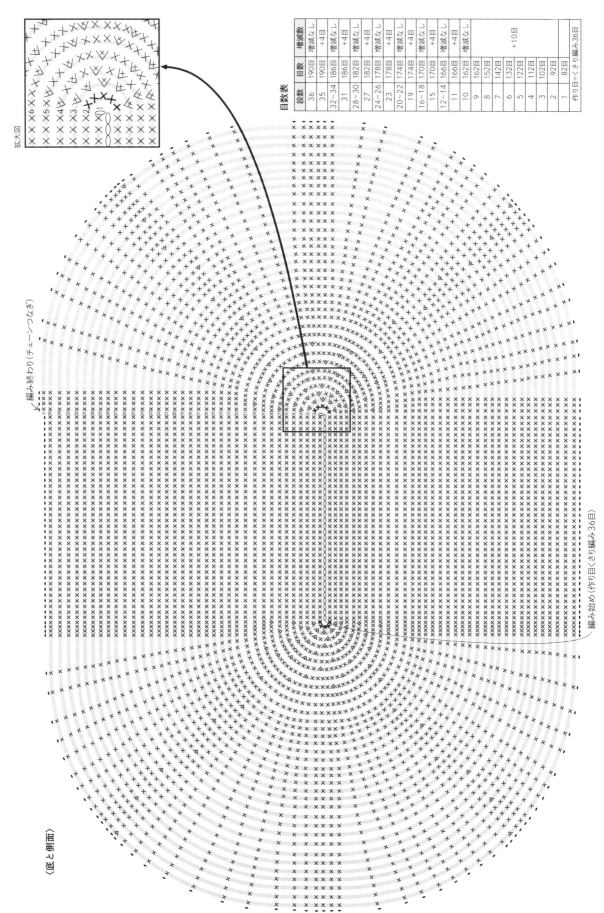

拡大図

〈底と側面〉

編み終わり（チェーンつなぎ）

編み始め（作り目くさり編み36目）

目数表

段数	目数	増減数
36	190目	増減なし
35	190目	+4目
32~34	186目	増減なし
31	186目	+4目
28~30	182目	増減なし
27	182目	+4目
24~26	178目	増減なし
23	178目	+4目
20~22	174目	増減なし
19	174目	+4目
16~18	170目	増減なし
15	170目	+4目
12~14	166目	増減なし
11	166目	+4目
10	162目	増減なし
9	162目	+10目
8	152目	
7	142目	
6	132目	
5	122目	
4	112目	
3	102目	
2	92目	
1	82目	作り目＝くさり編み36目

08 ウッドハンドルのスクエアバッグ ▶ P.14

[糸] ハマナカ エコアンダリヤ ベージュ(23) 220g
[針] かぎ針8/0号、とじ針
[その他] KIYOHARA 角型ハンドルM(外枠:横15cm、
　　　　 9.5cm) 1個
[ゲージ] 中長編みの模様編み 15目10cm 4段4.5cm、長
　　　　 編みの模様編み 15目10cm 4段6cm
[仕上りサイズ] 図参照

【作り方】※糸は2本どりで編みます。

①側面とマチを2枚編む。くさり編み31目で作り目をし、往
　復編みで17段目まで編む。スチームアイロンをかけて形
　を整える。

②①の編み終わりを外表に合わせ、巻きかがりでつなげる(〈ま
　とめ方〉参照)。

③縁編みを編む。▨▨▨部分を1周編む。

④持ち手を付ける。作り目部分の縁編み
　にとじ針で縫い付ける(〈持ち手の付け方〉
　参照)。

〈側面とマチ〉(2枚)

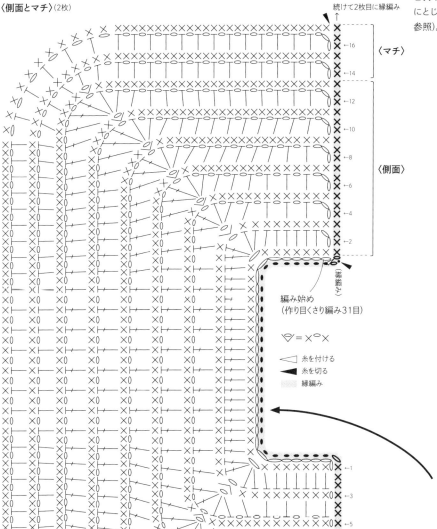

続けて2枚目に縁編み

〈マチ〉←16 ←14

〈側面〉←12 ←10 ←8 ←6 ←4 ←2

編み始め
(作り目くさり編み31目)

▽ = ×○×

◁ 糸を付ける
◀ 糸を切る
▨ 縁編み

←1 ←3 ←5 ←7 ←9 ←11 ←13 ←15 ←17

〈持ち手の付け方〉

糸を80cm程度にカットし(都度糸
を足す)、指で広げる。

とじ針に通す。このとき糸の広が
りが潰れないよう気をつける。

この位置に持ち手を置き、引き抜
き編み1目に2回針を刺し、持ち手
に糸を巻き付けていく。このとき、
糸がねじれないよう慎重に巻き付
ける。

持ち手の角は、広げた糸で包み込
むように巻き付ける。

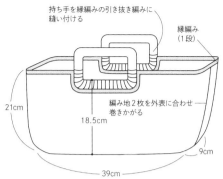

〈まとめ方〉

持ち手を縁編みの引き抜き編みに縫い付ける

縁編み（1段）

編み地2枚を外表に合わせ巻きかがる

18.5cm

21cm

39cm

9cm

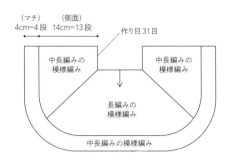

（マチ）4cm=4段　（側面）14cm=13段

作り目31目

中長編みの模様編み

中長編みの模様編み

長編みの模様編み

中長編みの模様編み

09　透かし模様のグラニーバッグ ▶ P.15

[糸] ハマナカ エコアンダリヤ ベージュ(23) 360g
[針] かぎ針6/0号、とじ針
[その他] ハマナカキャンバス(H202-226-1)白
　1枚(30cm×38cm)、油性マジック
[ゲージ] こま編17目20段=10cm、
　模様編み18目16段=10cm
[仕上りサイズ] 図参照

[作り方]
①底を2枚編む。くさり編み15目で作り目をし、増し目をしながら19段目まで編む。〈図A〉を参照し組み立てる。
②側面を編む。底から続けて79段目まで編む(P.60参照)。
③持ち手を作る。くさり編み5目で作り目をし、54段目まで編む。〈図B〉を参照し組み立てる。
④持ち手を付ける。(P.60〈図C〉)を参照し、持ち手取り付け位置に縫い付ける。

〈持ち手〉(4枚)

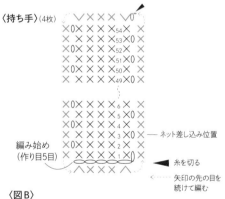

ネット差し込み位置

編み始め（作り目5目）

糸を切る

矢印の先の目を続けて編む

〈図A〉
底の編み地を2枚編み、1枚は糸端を切り、もう1枚はそのまま糸を休ませておく。

①底の編み地の上にネットを重ね、油性ジックで編み地より一回り小さく型取りし、ハサミでカットする。

②編み地2枚を外表に合わせ、休ませておいた糸でこま編みはぎをする。半分ほどはいだら間に①を差し込み、最後まではぐ。

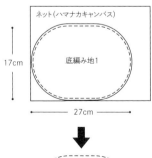

ネット（ハマナカキャンバス）

底編み地1

17cm

27cm

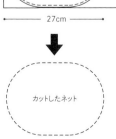

カットしたネット

20段目・こま編みはぎ

底編み地1・裏

立ち上がり位置

底編み地2・表

間にネットを入れる

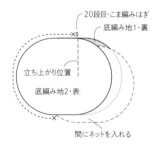

〈図B〉
①持ち手の編み地を2枚編む。1枚は糸端を切り、もう1枚はそのまま糸を休ませておく。

②ネットを2cm×30cmの大きさにカットする。

30cm

持ち手中敷き(ネット)

2cm

③持ち手編み地2枚を外表に合わせ、休ませておいた糸でこま編みはぎする。途中で①を差し込み、最後まではぐ。同様にもう1本持ち手を作る。

間にネットを入れる

持ち手編み地1・裏

持ち手編み地2・表

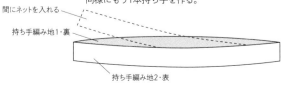

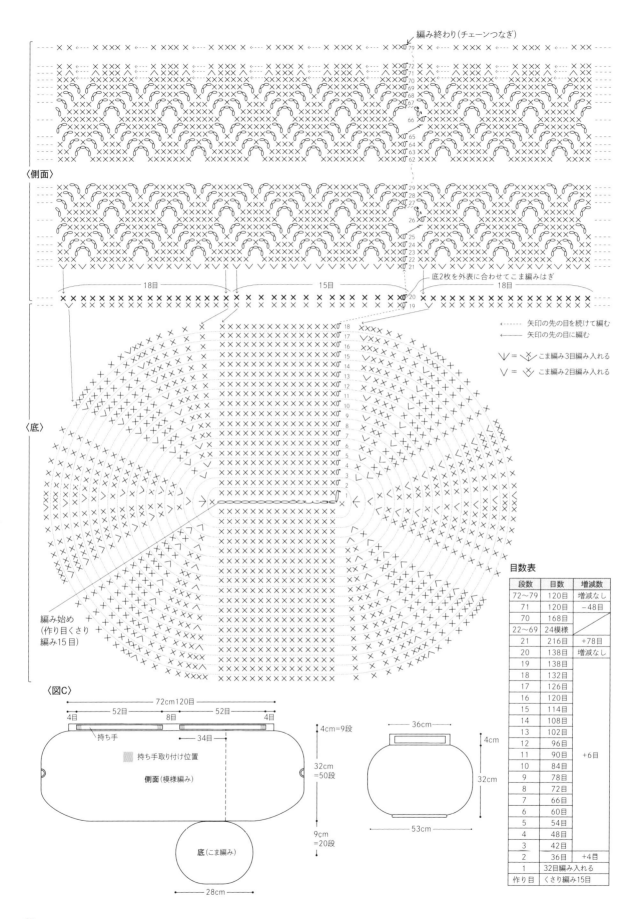

編み終わり（チェーンつなぎ）

〈側面〉

底2枚を外表に合わせてこま編みはぎ

18目　　　　15目　　　　18目

← - - - - 矢印の先の目を続けて編む
← ── 矢印の先の目に編む

\\ = こま編み3目編み入れる
\/ = こま編み2目編み入れる

〈底〉

編み始め
（作り目くさり
編み15目）

〈図C〉

72cm120目
4目　52目　8目　52目　4目

持ち手

持ち手取り付け位置　34目

側面（模様編み）

4cm＝9段

32cm
＝50段

底（こま編み）

9cm
＝20段

28cm

36cm

4cm

32cm

53cm

目数表

段数	目数	増減数
72～79	120目	増減なし
71	120目	−48目
70	168目	
22～69	24模様	
21	216目	+78目
20	138目	増減なし
19	138目	
18	132目	
17	126目	
16	120目	
15	114目	
14	108目	
13	102目	
12	96目	
11	90目	+6目
10	84目	
9	78目	
8	72目	
7	66目	
6	60目	
5	54目	
4	48目	
3	42目	
2	36目	+4目
1	32目編み入れる	
作り目	くさり編み15目	

15 ハニカム模様の巾着バッグ ▶ P.23

[糸] ハマナカ エコアンダリヤ ベージュ (23) 190g
[針] かぎ針6/0号、とじ針
[その他] 革コード(直径8mm) 茶 150cm
[ゲージ] こま編み19目21段=10cm、
　　　　 模様編み 1模様8目=4.2cm 4段=3.5cm
[仕上りサイズ] 図参照

[作り方]
①底を編む。わの作り目にこま編み6目を編み入れ、24段目まで編む。
②側面を編む。底から続けて53段目まで編む(P.63参照)。
③紐通し位置に革コードを通し、端同士をひと結びする(P.63〈図A〉参照)。

〈底〉

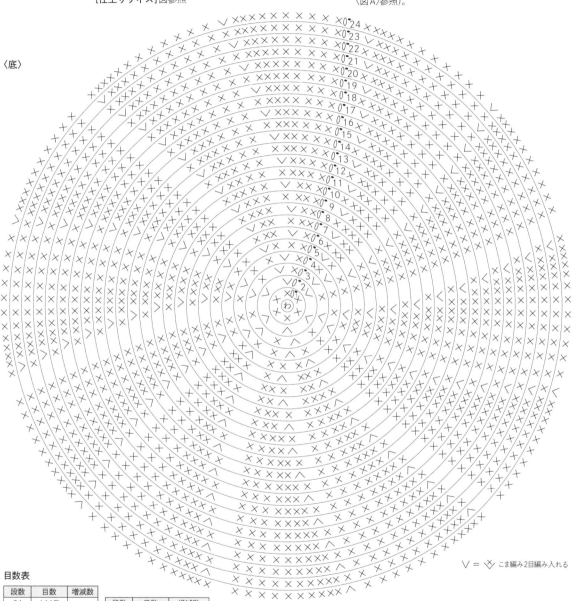

∨ = こま編み2目編み入れる

目数表

段数	目数	増減数
24	144目	
23	138目	
22	132目	
21	126目	
20	120目	
19	114目	+6目
18	108目	
17	102目	
16	96目	
15	90目	
14	84目	
13	78目	
12	72目	

段数	目数	増減数
11	66目	
10	60目	
9	54目	
8	48目	
7	42目	+6目
6	36目	
5	30目	
4	24目	
3	18目	
2	12目	
1	わの作り目にこま編み6目編み入れる	

変わり長編み2目と長編みの表引き上げ編み2目の交差編み（左上）（側面で使用）

〈1目めを編む〉

前段の目（すくう位置）。

針に糸をかけ、前段の3の目の足を矢印のようにすくう。

糸をかけ、矢印の方向に引き出す。

〈2目めを編む〉

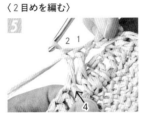

〈3目めを編む〉

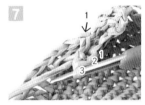

長編みを編んだら、長編みの表引き上げ編み1目が完成。

前段4の目の足をすくい、長編みの表引き上げ編みを1目編む。

1、2目めを前に倒したところ。前段の目（すくう位置）。

前段の1の目に長編みを1目編む（3目めを編み、裏から見たところ）。

〈4目めを編む〉

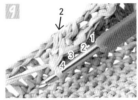

3目めが完成（表から見たところ）。

前段の2の目の頭に長編みを1目編む（裏から見たところ）。

4目めが完成（表から見たところ）。

変わり長編みの表引き上げ編み2目と長編み2目の交差編み（右上）（側面で使用）

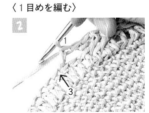

〈1目めを編む〉

〈2目めを編む〉

前段の目（すくう位置）。

前段の3の目に長編みを1目編む（編んだところ）。

前段の4の目に長編みを1目編む（編んだところ）。

〈3目めを編む〉

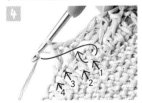

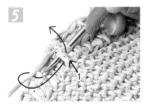

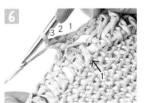

〈4目めを編む〉

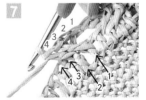

糸をかけ、前段の1の目の足をすくう。

さらに針に糸をかけ、矢印の方向に引き出す。

長編みの表引き上げ編みを1目編む（3目めが編めたところ）。

前段2の目の足をすくい、長編みの表引き上げ編みを1目編む（4目めが編めたところ）。

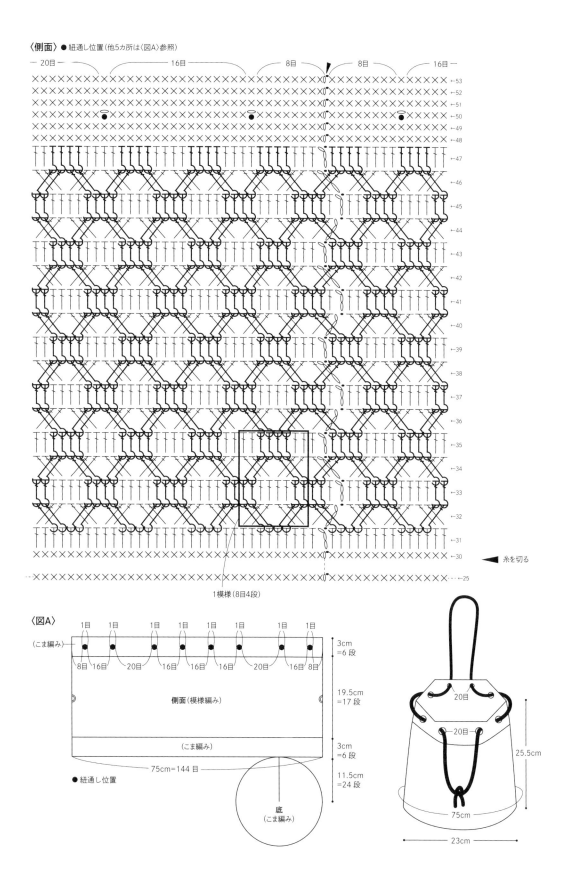

〈側面〉 ● 紐通し位置（他5カ所は〈図A〉参照）

― 20目 ― 　 ― 16目 ― 　 8目 　 8目 　 ― 16目 ―

←53
←52
←51
←50
←49
←48
←47
←46
←45
←44
←43
←42
←41
←40
←39
←38
←37
←36
←35
←34
←33
←32
←31
←30 　 ◀ 糸を切る
←25

1模様（8目4段）

〈図A〉

1目 1目 　 1目 1目 1目 1目 　 1目 1目

（こま編み）

8目 16目 　 20目 16目 16目 16目 　 20目 16目 8目

側面（模様編み）

（こま編み）

3cm
=6 段

19.5cm
=17 段

3cm
=6 段

11.5cm
=24 段

― 75cm=144 目 ―

● 紐通し位置

底
（こま編み）

20目

20目

25.5cm

75cm

23cm

10 フリンジ巾着バッグ ▶ P.16

[糸] ハマナカ エコアンダリヤ ベージュ(23)130g
[針] かぎ針5/0号、とじ針
[その他] ワックスコード(5mm)ベージュ 150cm、
合皮テープ(15mm幅)ベージュ 36cm、
両面カシメ(頭径10mm 足7mm)アンティーク
6組、スエード調紐(3mm幅)ベージュ 36m、
穴あけポンチ、カナヅチ
[ゲージ] こま編み17目19段＝10cm
[仕上りサイズ] 図参照

[作り方]
①底を編む。わの作り目にこま編みを6目編み入れ、14段
目まで編む。
②側面を編む。底から続けて61段目まで編む。途中、46段
目のこま編みでフリンジを作る(〈フリンジの作り方〉参照)。
③紐通しを作る(〈カシメのとめ方〉、〈紐通しの作り方〉参
照)。
④紐を通す(〈紐の通し方〉参照)。

〈フリンジの作り方〉

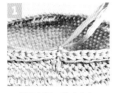

45段目を編み終えたら、一旦糸を休める。スエード調紐40cmを90本用意する。

44段目長編み1目めに、上から針を入れる。

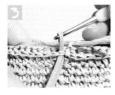

スエード調紐1本を半分に折り、わに針をかけて引き出す。

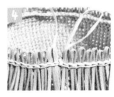

2.3を繰り返し、すべての目にスエード調紐を通す。

休めていた糸に針を戻し、立ち上がりのくさり編み1目を編む。1目めのスエード紐のわを少し下に引き小さくする。

46段目1目めのこま編みを編むときに、スエード調紐のわを拾ってから1目めに針を入れる。

糸をかけ、引き出す。

さらに糸をかけ、こま編みを編む。

スエード紐を下に引き、形を整える。46段目の1目が編めたところ。

5～9を繰り返し、残りの目も同様に編む。

〈紐通しの作り方〉
①合皮テープを6cmにカットする。カシメ用穴あけポンチで穴をあけて、四隅の角を丸くカットする。これを6枚作る。
②合皮テープを半分に折り、P.65の編み図の紐通しカシメ位置で編み地を挟み、カシメでとめる。

1cm　●カシメ用穴　1cm
0.75cm
1.5cm
6cm

〈カシメのとめ方〉

穴あけポンチなどで革に穴をあける。

台にカシメの凸を置く。

半分に折った革を置き、カシメの凹をかぶせる。

打ち棒を当て、カナヅチなどで真上からしっかりたたく。

〈紐の通し方〉
ワックスコードを半分(75cm)にカットし、右図のようにそれぞれ紐通しに通し、ワックスコードの端同士をひと結びする。

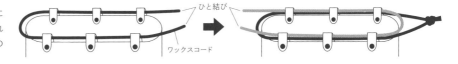

ひと結び
ワックスコード

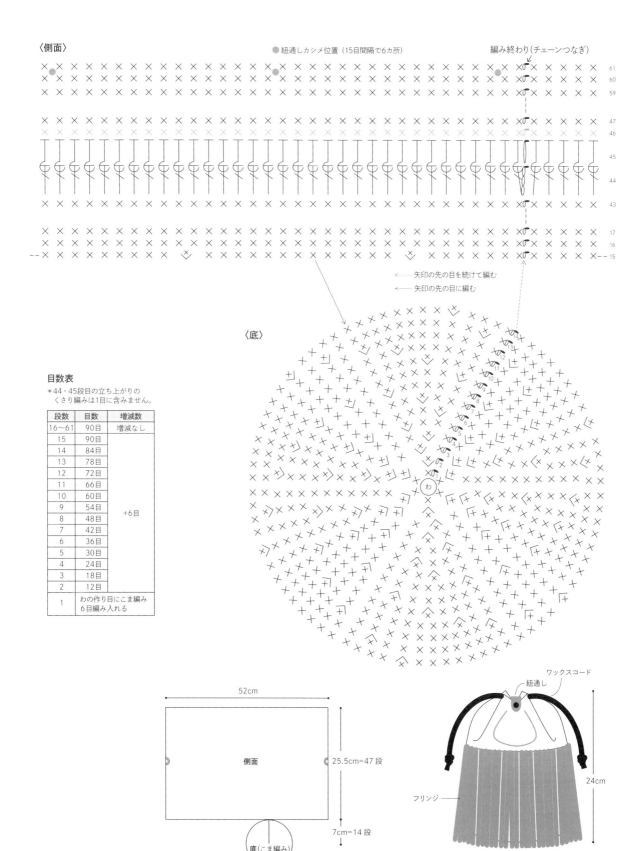

〈側面〉　　　　　　　　　　　　● 紐通しカシメ位置（15目間隔で6カ所）　　　　　　　編み終わり（チェーンつなぎ）

····· 矢印の先の目を続けて編む
← 矢印の先の目に編む

〈底〉

目数表

*44・45段目の立ち上がりの
　くさり編みは1目に含みません。

段数	目数	増減数
16〜61	90目	増減なし
15	90目	
14	84目	
13	78目	
12	72目	
11	66目	
10	60目	+6目
9	54目	
8	48目	
7	42目	
6	36目	
5	30目	
4	24目	
3	18目	
2	12目	
1	わの作り目にこま編み 6目編み入れる	

52cm

側面

25.5cm=47 段

7cm=14 段

底（こま編み）

ワックスコード

紐通し

フリンジ

24cm

16.5cm

65

05 吾妻袋付きグラニーバッグ ▶ P.11

[糸] ハマナカ エコアンダリヤ ベージュ (23) 170g
[針] かぎ針6/0号、とじ針
[その他] ハマナカ レザーだ円底(H204-618-1)ベージュ
　　　　1枚、麻布(1m幅)35cm、ミシン糸
[ゲージ] こま編み 16目20段
[仕上りサイズ] 図参照

[作り方]
①側面を編む。レザー底の表面から編み始め、40段目ま
　で編む。模様編みの切替位置でタックを付け、巻きかが
　がる(〈持ち手・タックの付け方〉参照)。
②持ち手を2本編む。わの作り目にこま編みを10目編み
　入れ、裏表になるように50段目まで編む。最終段に糸
　を通し、絞り、とじ針で縫い付ける(〈持ち手・タックの
　付け方〉参照)。
③吾妻袋をミシンで縫う(〈吾妻袋の作り方〉参照)。
④吾妻袋をバッグの中に入れ、両端をバッグにかぶせる。

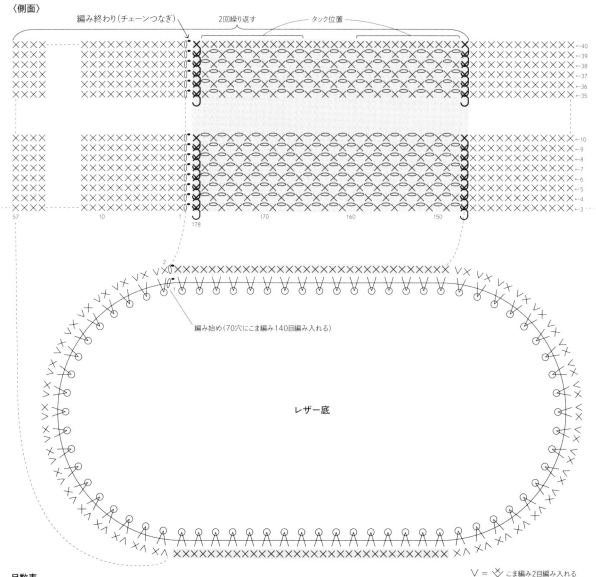

〈側面〉
編み終わり(チェーンつなぎ)　　2回繰り返す　　タック位置

編み始め(70穴にこま編み140目編み入れる)

レザー底

∨ = ✕ こま編み2目編み入れる

目数表

段数	目数	増減数
3～40	178目	増減なし
2	178目	+38目
1	レザー底にこま編み 140目編み入れる	

〈持ち手〉(2本)

編み終わりの糸にとじ針を通し、
最終段の目をすべて拾い
引き絞る。

編み終わりに糸を
40cm残して切る

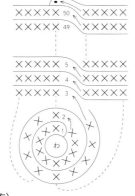

〈持ち手・タックの付け方〉

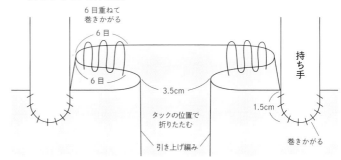

6目重ねて
巻きかがる

6目

6目

3.5cm

1.5cm

持ち手

タックの位置で
折りたたむ

引き上げ編み

巻きかがる

〈吾妻袋の作り方〉

①麻布から1.5cmの縫い代をとり、長方形に切る。

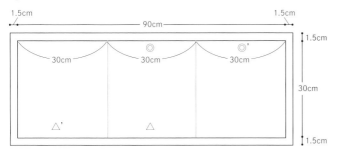

1.5cm
90cm
1.5cm

1.5cm
30cm
30cm
30cm
30cm
1.5cm

△'
△

②両端を三つ折りにしてアイロンをかけ、ミシンで縫う。

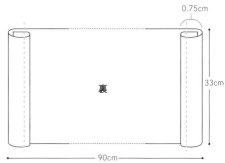

0.75cm
裏
33cm
90cm

③ ②を表に返し、右1／3を折りたたみ、◎マークを合わせミシンで縫う。右の縫っ
ていない辺をめくり、左1／3を に折りたたみ、△マークを合わせミシンで縫う。

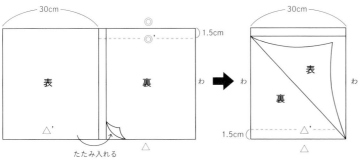

30cm
◎
◎'
1.5cm
表
裏
わ
たたみ入れる
△'
△

30cm
わ
わ
表
裏
1.5cm
△'
△

④中表になるように広げて形を整える。②で処理して
いない布端を三つ折りにし、アイロンをかけてミシン
で縫う。 反対側も同様にミシンで縫い、表に返す。

布端を三つ折り

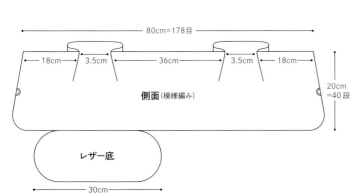

80cm=178目
18cm
3.5cm
36cm
3.5cm
18cm
側面(模様編み)
20cm
=40 段
レザー底
30cm

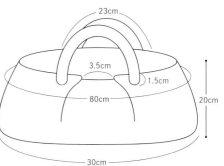

23cm
3.5cm
1.5cm
80cm
20cm
30cm

06 ワンハンドルバッグ ▶ P.12

[糸] ハマナカ エコアンダリヤ ベージュ (23) 185g
[針] かぎ針6/0号、とじ針
[その他] ウッドリング (直径7cm) 1個
[ゲージ] こま編み 19目19段=10cm、
　　　　模様編み 8目=1模様 19段=10cm
[仕上りサイズ] 図参照

[作り方]
①側面を編む。くさり編み44目で作り目をし、往復編みで104段目まで編む。
②マチを2枚編む。くさり編み39目で作り目をし、往復編みで27段目まで編む。
③ベルトを編む。くさり編み8目で作り目をし、往復編みで202段目まで編む。
④側面とベルトをベルト取り付け位置に縫い付ける（〈図A〉参照）。
⑤ベルトのそれぞれの端をまとめる（〈図B〉参照）。
⑥縁編みを編む。側面とマチを合わせる。外表に重ね、側面を手前に持ちながら、こま編みで1段編む（〈まとめ方〉参照）。

〈側面〉

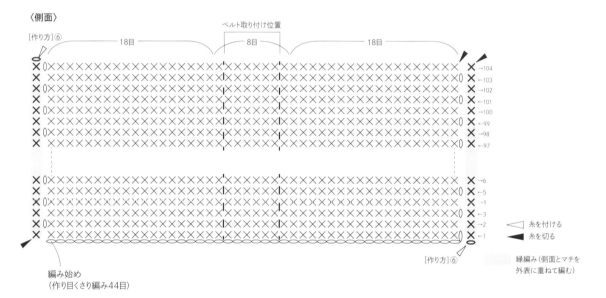

〈マチ〉(2枚)

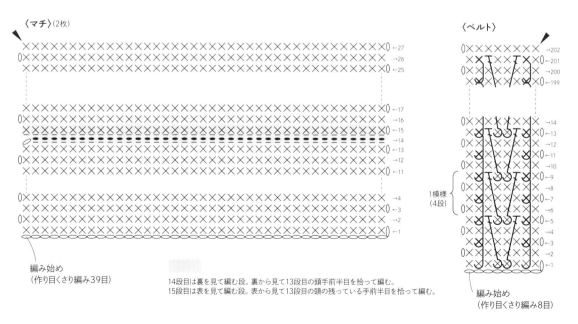

14段目は裏を見て編む段。裏から見て13段目の頭手前半目を拾って編む。
15段目は表を見て編む段。表から見て13段目の頭の残っている手前半目を拾って編む。

〈ベルト〉

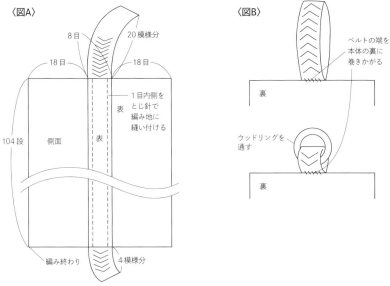

〈図A〉

8目　20模様分

18目　18目

1目内側を
とじ針で
編み地に
縫い付ける

表

表

104段　側面

編み終わり　4模様分

〈図B〉

ベルトの端を
本体の裏に
巻きかがる

裏

ウッドリングを
通す

裏

〈側面〉

21cm=39段

104段　（こま編み）

13cm=26段

21cm=39段

23cm=44目

〈マチ〉(2枚)

13段　（こま編み）

13段　　　（こま編み）

13cm=27段

1段
(引き抜き編み)

21cm=39目

〈ベルト〉

（模様編み）

106cm=202段

3.5cm=8目

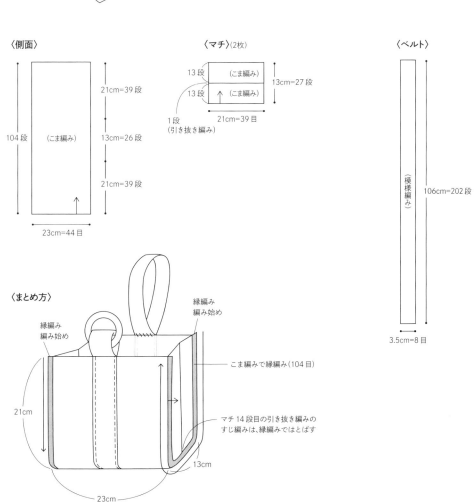

〈まとめ方〉

縁編み
編み始め

縁編み
編み始め

こま編みで縁編み(104目)

21cm

マチ14段目の引き抜き編みの
すじ編みは、縁編みではとばす

13cm

23cm

11 ワユーバッグ ▶ P.18

[糸] ハマナカ エコアンダリヤ ベージュ (23) 225g
[針] かぎ針6/0号、とじ針
[その他] 厚紙 (12×10cm) 1枚
[ゲージ] 長編み15.5目7.5段＝10cm
[仕上りサイズ] 図参照

[作り方]
①底を編む。わの作り目に長編みを15目編み入れ、8段目まで編む。

②側面を編む。底から続けて33段目まで編む。
③持ち手を編む。編み始めの糸を30cm残してくさり編み7目で作り目をし、往復編みで42段編目まで編み、編み終わりの糸を30cm程残して切る。残り糸で持ち手取り付け位置の編み地の裏面に巻きかがりで付ける (P.71参照)。
④紐を編み、紐通し位置に通す (P.71参照)。
⑤タッセルを作り、④の紐の両端に付ける (〈タッセルの作り方〉参照)。

〈持ち手〉

編み終わりに
糸を30cm残して切る

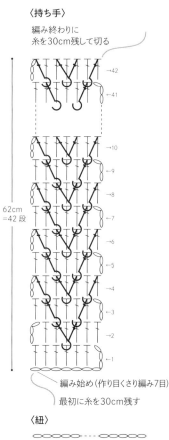

62cm
=42段

編み始め (作り目くさり編み7目)
最初に糸を30cm残す

〈タッセルの作り方〉

①12cmの厚紙に糸を30回巻く。

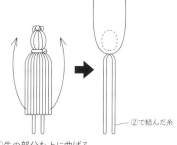

④先の部分を上に曲げる。

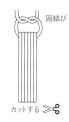

②厚紙から糸を外す。一方のわを20cm程度の共糸で固結びし、もう片方のわをカットする。

③結んだ糸を下に向け、上から1cmのところを20cm程度の共糸で固結びする。

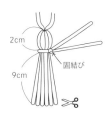

⑤上下を返し、上から2cmのところを共糸で結び、スチームアイロンで整える。先を9cmの長さにカットする。これを2個作る。

〈紐〉

◀━━ 130目 ━━▶

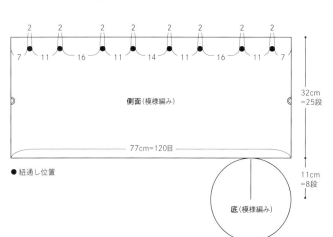

側面 (模様編み)

32cm
=25段

77cm=120目

底 (模様編み)

11cm
=8段

● 紐通し位置

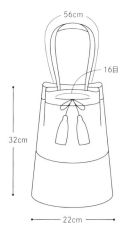

56cm

16目

32cm

22cm

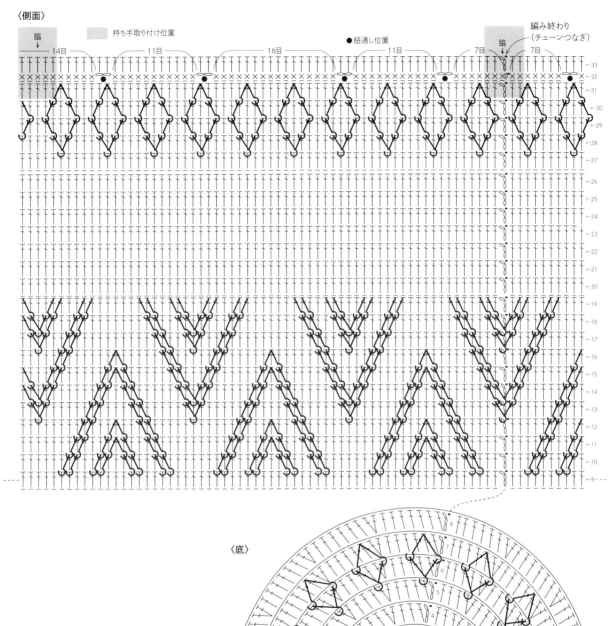

持ち手取り付け位置
●紐通し位置
編み終わり
（チェーンつなぎ）

脇　14目　11目　16目　11目　7目　脇　7目

←33
←32
←31
←30
←29
←28
←27
←26
←25
←24
←23
←22
←21
←20
←19
←18
←17
←16
←15
←14
←13
←12
←11
←10
←9

〈底〉

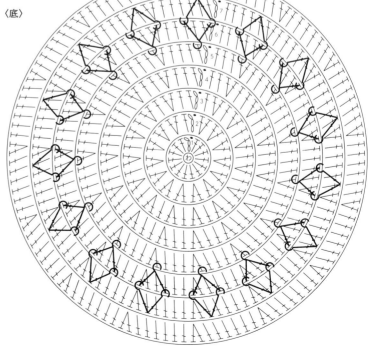

底目数表

段数	目数	増減数
8	120目	
7	105目	
6	90目	
5	75目	+15目
4	60目	
3	45目	
2	30目	
1	わの作り目にこま編み15目編み入れる	

14 革ハンドルのバッグ ▶ P.22

[糸] ハマナカ エコアンダリヤ ベージュ(23) 315g
[針] かぎ針 7.5/0 号、とじ針、縫い針(革用)
[その他] ハマナカ レザーだ円底(H204-618-1)
　　　　ベージュ1枚、白の縫い糸(革用)、
　　　　革レース(幅20mm)こげ茶 1m、菱目打ち
[ゲージ] こま編み15 目17 段=10cm
[仕上りサイズ] 図参照

[作り方]
※糸は 2 本どりで編みます。
①側面を編む。レザー底の穴にこま編みを124目編み入れ、40段目まで編む。41段目は39段目の頭に針を入れ、40段目を編みくるみながら、こま編みを編む。続けて42〜47段目は模様編みをし、編み図のとおり49段目まで編む。
②持ち手を作る。革レースを46cm×2本にカットし、菱目打ちで両端に縫い穴を開ける(〈持ち手〉参照)。
③持ち手を付ける。縫い針で、本体に持ち手を縫い付ける(〈図A〉参照)。

〈側面〉

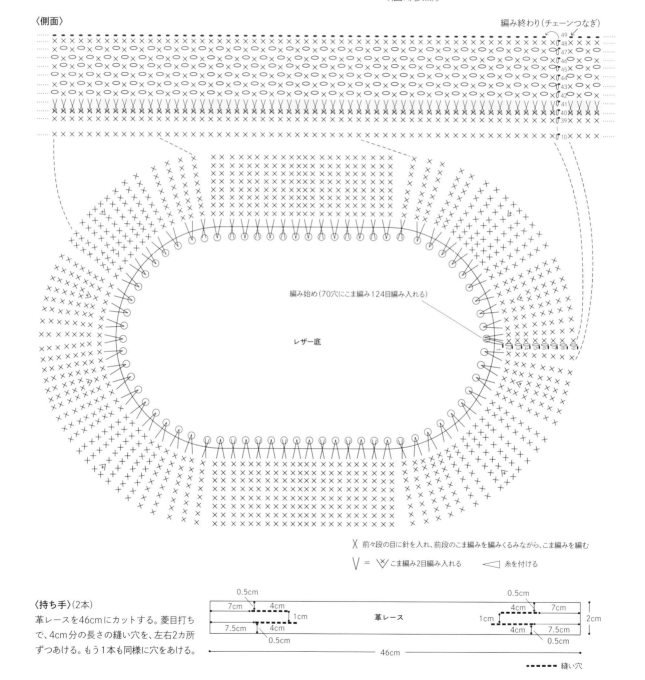

編み終わり(チェーンつなぎ)

編み始め(70穴にこま編み124目編み入れる)

レザー底

╳ 前々段の目に針を入れ、前段のこま編みを編みくるみながら、こま編みを編む

∨ = こま編み2目編み入れる　　⟋ 糸を付ける

〈持ち手〉(2本)
革レースを46cmにカットする。菱目打ちで、4cm分の長さの縫い穴を、左右2カ所ずつあける。もう1本も同様に穴をあける。

革レース

0.5cm　7cm　4cm　1cm　　　　　0.5cm　4cm　7cm
7.5cm　4cm　0.5cm　　　　　1cm　4cm　7.5cm　0.5cm
2cm
46cm

▬ ▬ ▬ ▬ = 縫い穴

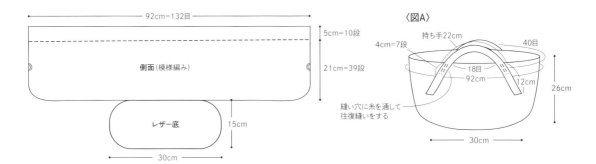

〈図A〉

92cm=132目

5cm=10段
21cm=39段

側面(模様編み)

レザー底

15cm

30cm

持ち手22cm
4cm=7段
40目
18目
92cm
12cm
26cm

縫い穴に糸を通して
往復縫いをする

30cm

13 スマホミニバッグ ▶ P.20

[糸] ハマナカ エコアンダリヤ ベージュ(23) 45g
[針] かぎ針5/0号、とじ針
[その他] ラミネートコード(直径3mm)モカ 130cm
[ゲージ] 模様編み18目23段=10cm
[仕上りサイズ]図参照

[作り方]
①側面を編む。編み始めに糸を20cm程残し、くさり編み
　44目で作り目をしてわにする。模様編みで41段目まで編
　む。編み始めに残した糸で下側を巻きかがりでとじる(〈ま
　とめ方〉参照)。
②紐通しを編む。くさり編み18目で作り目をし、往復編みで
　7段目まで編み、編み終わりの糸を40cm程残して切る。
　編み地を半分に折り、編み終わりの糸で巻きかがりでと
　じる。
③紐通しを指定位置に縫い付け、ラミネートコードを通す(〈ま
　とめ方〉参照)。

〈側面〉

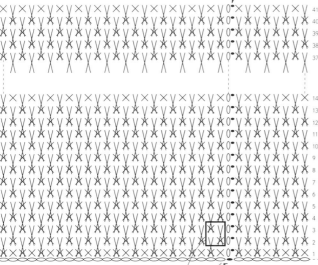

41
40
39
38
37

14
13
12
11
10
9
8
7
6
5
4
3
2
1

◀ 糸を切る
✕ 前々段の目に針を入れ、前段のこま編みを
　編みくるみながら、こま編みを編む

1模様(2目2段)

編み始め(作り目くさり編み44目)
最初に糸を20cm残す

〈紐通し〉

編み終わりに糸を40cm残して切る
←7
→6
←5
→4
←3
→2
←1

編み始め(作り目くさり編み18目)

編み地を半分に折り、編み終わりの糸を使用して
端を巻きかがりでとじる

〈まとめ方〉

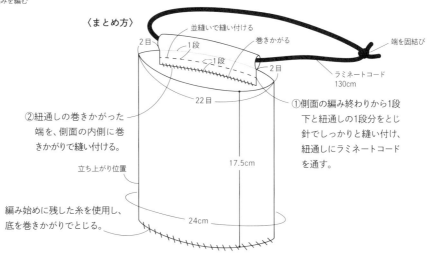

並縫いで縫い付ける
2目
1段
巻きかがる
1段
2目
端を固結び
ラミネートコード
130cm

22目

17.5cm

②紐通しの巻きかがった
　端を、側面の内側に巻
　きかがりで縫い付ける。

①側面の編み終わりから1段
　下と紐通しの1段分をとじ
　針でしっかりと縫い付け、
　紐通しにラミネートコード
　を通す。

立ち上がり位置

編み始めに残した糸を使用し、
底を巻きかがりでとじる。

24cm

12 サコッシュ ▶ P.20

[糸] ハマナカ エコアンダリヤ ベージュ(23) 70g
[針] かぎ針10/0号、とじ針
[その他] ハマナカ あみあみファインネット(H200-372-4)
ベージュ 1枚、ハマナカ マグネット付丸型ホック
(18mm/H206-041-3)アンティーク 1組、
ワックスコード(5mm)ベージュ 140cm
[仕上りサイズ]図参照

[作り方]
※糸は2本どりで編みます。
①カット図のとおり、ネットから必要パーツを切り出す。
　グレー部分(折り曲げ部分)のマスもカットする。
②ネットに編み付ける。P.75の〈編み付け・縁編み〉を参照し、
　①のネットに編み付け、バッグ口側、底側の縁編みを編
　む(P.48〈ネットの編み付け方〉参照)。
③底側の縁編み2段目でネット組み立て図のように二つ折
　りにして、こま編みで底をはぎ合わせる(〈ネット組み立
　て図〉参照)。
④マグネットホックを取り付ける(〈マグネットホックの付
　け方〉参照)。
⑤ショルダー紐を付ける。(〈ショルダー紐の通し方〉参照)。

〈ネット組み立て図〉

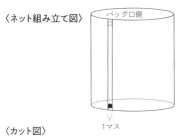

〈カット図〉

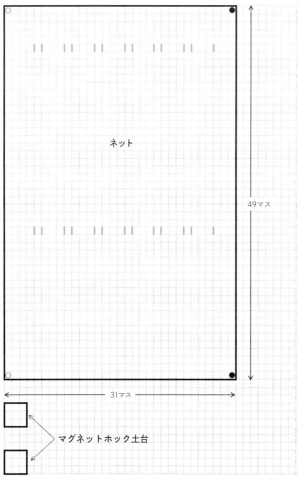

|| マスをカットする

〈ショルダー紐の通し方〉
内側から、ショルダー紐通し位置(〈編み付け・縁編み〉参照)
にワックスコードを通し、長さを調整して、それぞれの紐
端をひと結びする。

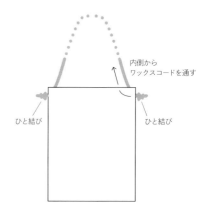

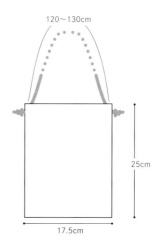

〈編み付け・縁編み〉

※糸処理は、都度行ってください。

①ネット編み始め(底側)に糸を付け、矢印の方向に編む。グレーの引き
抜き編み(|)は、同じ印(●-●、○-○)同士のマスを合わせ、わにして
2枚一緒に編む(ネット組み立て図参照)。

②バッグ口側に糸を付け、縁編みを編む。縁編みのこま編みは、編み入
れるマスの引き抜き編みの半目(縁編み1~4段めに記載)も一緒に合い
編む。

③底側に糸を付け、バッグ口と同様に1段縁編みをして2段目は、ネットを
二つ折りにして向かい合う目を一緒に編み、こま編みでは糸を合わせる。

〈マグネットホックの付け方〉
①カットしたマグネットホック
土台の中央にマグネット
ホックを付ける。
②本体の内側のマグネット
ホック取り付け位置
(編み付け・縁編み参照)に
共糸で表にひびかないように
縫い合わせる。

〈断面図〉
マグネットホックの座金
ネット
マグネットホック

編み始め
(引き抜き編み)
→ 引き抜き編み
くさり編み
※マスをカット(||)した部分は
くさり編みでつなぎます。
くさり編み
糸を付ける

ショルダー紐通し位置
②(バッグ口側)縁編み編み始め
マグネットホック取り付け位置
ショルダー紐通し位置
マグネットホック取り付け位置
2枚一緒に編む
①ネット編み始め
2枚一緒に編む
③(底側)縁編み・こま編みは 編み終わり
②(バッグ口側)縁編み編み終わり(チェーンなど)
①ネット編み終わり
①ネット編み始め

16 まんまるがま口ポーチ ▶ P.25

[糸] ハマナカ エコアンダリヤ ベージュ(23) 25g
[針] かぎ針6/0号、とじ針
[その他] ハマナカ編みつける口金 くし形アンティーク
(H207-022-4) 1組
[ゲージ] こま編み17目18段=10cm
[仕上りサイズ] 図参照

[作り方]
①側面を2枚編む。わの作り目にこま編みを5目編み入れ、
立ち上がりなしで14段目まで編む。
②側面2枚の◆同士を巻きかがる(〈組み立て方〉参照)。
③口金を付ける。縁編みで口金を編み込む(〈口金の拾い方・
口金の拾い位置〉参照)。

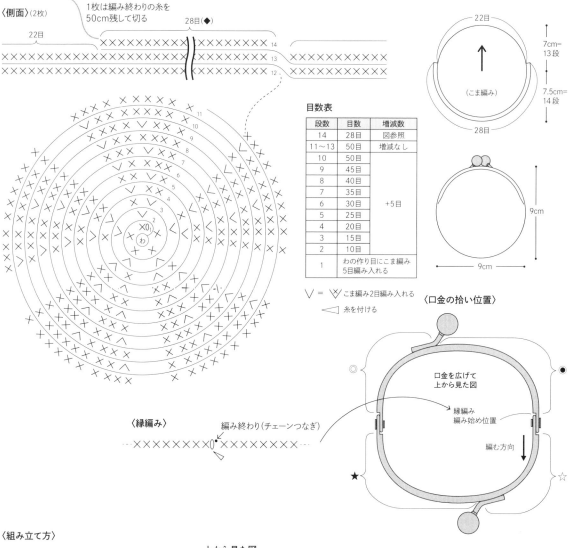

〈側面〉(2枚)
1枚は編み終わりの糸を50cm残して切る
22目
28目(◆)

目数表

段数	目数	増減数
14	28目	図参照
11〜13	50目	増減なし
10	50目	
9	45目	
8	40目	
7	35目	+5目
6	30目	
5	25目	
4	20目	
3	15目	
2	10目	
1	わの作り目にこま編み 5目編み入れる	

∨ = こま編み2目編み入れる

◁ 糸を付ける

22目
7cm=13段
7.5cm=14段
(こま編み)
28目

9cm
9cm

〈口金の拾い位置〉

口金を広げて上から見た図
縁編み 編み始め位置
編む方向

〈縁編み〉
編み終わり(チェーンつなぎ)

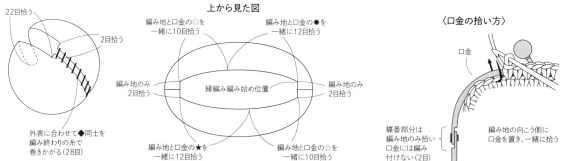

〈組み立て方〉
22目拾う
2目拾う
外表に合わせて◆同士を編み終わりの糸で巻きかがる(28目)

上から見た図
編み地と口金の◎を一緒に10目拾う
編み地と口金の●を一緒に12目拾う
編み地のみ2目拾う
縁編み編み始め位置
編み地のみ2目拾う
編み地と口金の★を一緒に12目拾う
編み地と口金の☆を一緒に10目拾う

〈口金の拾い方〉
口金
蝶番部分は編み地のみ拾い口金には編み付けない(2目)
編み地の向こう側に口金を置き、一緒に拾う

17 バスケット型バッグ ▶ P.25

[糸] ハマナカ エコアンダリヤ ベージュ（23）320g
[針] かぎ針8/0号（本体・2本どり）、
6/0号（持ち手・1本どり）、とじ針
[その他] ハマナカ レザー底 大（H204-619）ベージュ 1枚
[ゲージ] こま編み 13目13段＝10cm（8/0号、2本どり）
[仕上りサイズ] 図参照

[作り方]
※糸は本体のみ2本どりで編みます。
①作り目を編む。レザー底に引き抜き編みを一周し、チェーンつなぎ後、糸処理をする。1段目は、作り目（引き抜き編み）1目にこま編み1目ずつ編み入れる。
②側面を編む。底から続けて39段目まで編む。37段目は、立ち上がりからこま編み4目、くさり編み3目編んだら2目とばし、こま編み31目、くさり編み3目編んだら2目とばし、こま編み27目編み、持ち手通し位置を編む。
③持ち手を編む。くさり編み8目の作り目をわにし、300段編む。最終段と作り目をとじてわにする（〈持ち手の作り方〉参照）。
④持ち手を付ける。両サイドの持ち手通し位置に持ち手を通し、ひと結びする（〈持ち手の作り方〉参照）。

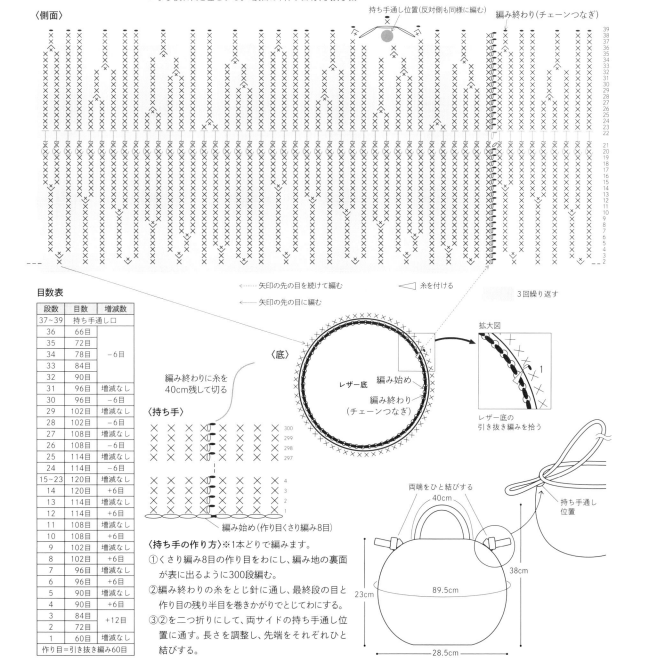

〈側面〉

持ち手通し位置（反対側も同様に編む）

編み終わり（チェーンつなぎ）

←⋯⋯ 矢印の先の目を続けて編む
←── 矢印の先の目に編む
◁ 糸を付ける
3回繰り返す

目数表

段数	目数	増減数
37～39	持ち手通し口	
36	66目	
35	72目	
34	78目	−6目
33	84目	
32	90目	
31	96目	増減なし
30	96目	−6目
29	102目	増減なし
28	102目	−6目
27	108目	増減なし
26	108目	−6目
25	114目	増減なし
24	114目	−6目
15～23	120目	増減なし
14	120目	+6目
13	114目	増減なし
12	114目	+6目
11	108目	増減なし
10	108目	+6目
9	102目	増減なし
8	102目	+6目
7	96目	増減なし
6	96目	+6目
5	90目	増減なし
4	90目	+6目
3	84目	+12目
2	72目	
1	60目	増減なし
作り目＝引き抜き編み60目		

〈底〉
レザー底
編み始め
編み終わり（チェーンつなぎ）

拡大図
レザー底の引き抜き編みを拾う

編み終わりに糸を40cm残して切る

〈持ち手〉
編み始め（作り目くさり編み8目）

〈持ち手の作り方〉※1本どりで編みます。
①くさり編み8目の作り目をわにし、編み地の裏面が表に出るように300段編む。
②編み終わりの糸をとじ針に通し、最終段の目と作り目の残り半目を巻きかがりでとじてわにする。
③②を二つ折りにして、両サイドの持ち手通し位置に通す。長さを調整し、先端をそれぞれひと結びする。

両端をひと結びする
40cm
38cm
持ち手通し位置
23cm
89.5cm
28.5cm

18 こま編みのシンプルバッグ ▶ P.26

[糸] ハマナカ エコアンダリヤ ベージュ(23)325g
[針] かぎ針6/0号、とじ針、縫い針(革用)
[その他] 革(13cm×10cm)茶 2枚、茶の縫い糸
[ゲージ] こま編み17目20段=10cm
[仕上りサイズ] 図参照

[作り方]
①底を編む。くさり編み20目で作り目をし、増し目をしながら24段目まで編む。

②側面を編む。底から続けて増減なしで82段目まで編む。
③持ち手を編む。側面から続けて、往復編みで83段目まで編む。続けて側面と中表に合わせ、持ち手82段目のこま編みにはぎ合わせる。続けてこま編みを編み、反対側も同様に編む(〈編み方の流れ〉参照)。 続けて、バッグ口の縁編みを編む。持ち手の内側の縁編みはそれぞれ糸を付けて編む。
④革を指定の大きさに切る。持ち手を革でくるみ、縫い針でかがり縫いする(〈図A〉参照)。

〈編み方の流れ〉

① 底から編み、持ち手83段目まで編む。
② 本体と持ち手を中表に合わせ、こま編みではぐ。
③ 続けて反対側も83段目まで編む。
④ ②同様こま編みではぐ。

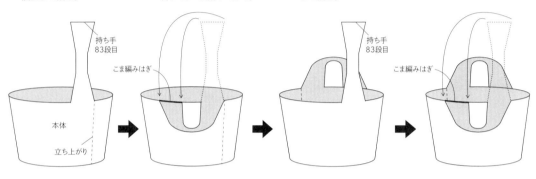

持ち手83段目
こま編みはぎ
本体
立ち上がり

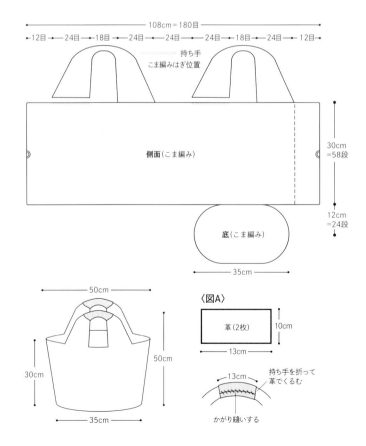

50cm
50cm
30cm
35cm

108cm = 180目
12目 24目 18目 24目 24目 24目 18目 24目 12目

持ち手
こま編みはぎ位置

側面(こま編み)

30cm =58段

12cm =24段

底(こま編み)

35cm

〈図A〉

革(2枚) 10cm
13cm

13cm
持ち手を折って革でくるむ
かがり縫いする

持ち手目数表

段数	目数	増減数
82,83	24目	増減なし
81	24目	+2目
79,80	22目	増減なし
78	22目	+2目
76,77	20目	増減なし
75	20目	+2目
73,74	18目	増減なし
72	18目	+2目
70,71	16目	増減なし
69	16目	+2目
67,68	14目	増減なし
66	14目	+2目
64,65	12目	増減なし
63	12目	+2目
61,62	10目	増減なし
60	10目	+2目
26〜59	8目	増減なし
25	8目	−2目
23,24	10目	増減なし
22	10目	−2目
20,21	12目	増減なし
19	12目	−2目
17,18	14目	増減なし
16	14目	−2目
14,15	16目	増減なし
13	16目	−2目
11,12	18目	増減なし
10	18目	−2目
8,9	20目	増減なし
7	20目	−2目
5,6	22目	増減なし
4	22目	−2目
2,3	24目	増減なし
1	24目	

本体目数表

段数	目数	増減数
25〜82	180目	増減なし
24	180目	
23	174目	
22	168目	
21	162目	
20	156目	
19	150目	
18	144目	
17	138目	
16	132目	
15	126目	
14	120目	
13	114目	+6目
12	108目	
11	102目	
10	96目	
9	90目	
8	84目	
7	78目	
6	72目	
5	66目	
4	60目	
3	54目	
2	48目	
1	42目編み入れる	
作り目	くさり編み20目	

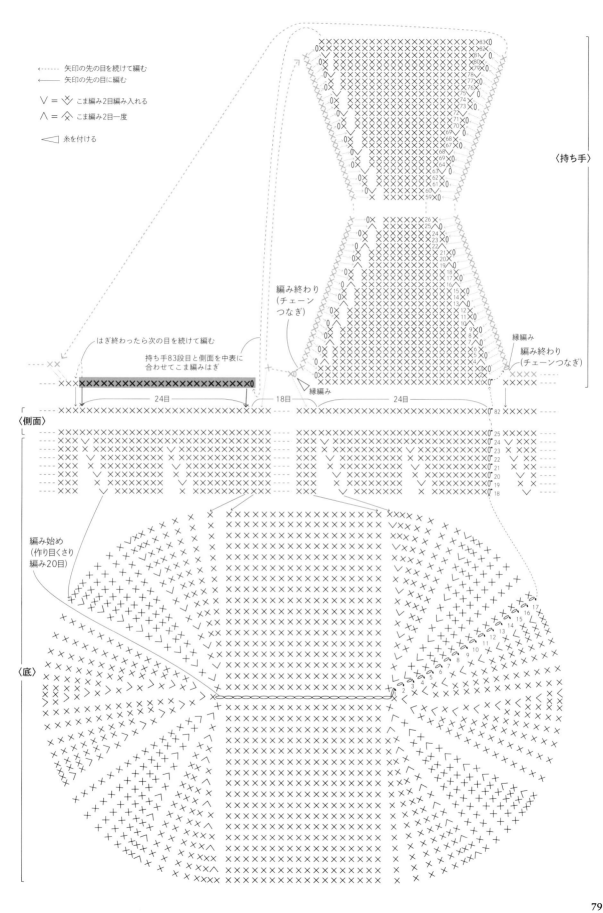

〈持ち手〉

〈側面〉

〈底〉

矢印の先の目を続けて編む
矢印の先の目に編む

∨ ＝ ⋎ こま編み2目編み入れる
∧ ＝ ⋏ こま編み2目一度

◁ 糸を付ける

はぎ終わったら次の目を続けて編む

持ち手83段目と側面を中表に
合わせてこま編みはぎ

24目

18目

縁編み

編み終わり
（チェーン
つなぎ）

縁編み
編み終わり
（チェーンつなぎ）

24目

編み始め
（作り目くさり
編み20目）

20 ポーチ付きトートバッグ ▶ P.30

[糸] ハマナカ エコアンダリヤ ベージュ(23)350g(本体)、
　　60g(ポーチ)
[針] かぎ針5/0号、とじ針、縫い針(ポーチ)
[その他] 玉つきファスナー ベージュ 20cm、レザーミニ
　　　持ち手(Dカン、ナスカン付き　6.5mm×23cm)
　　　白 1本、白の縫い糸※すべてポーチで使用
[ゲージ] 模様編み19目12段=10cm
[仕上りサイズ]図参照

[作り方]
①バッグ:底を編む。くさり編み51目で作り目をし、増し目
　をしながら11段目まで編む。

②側面を編む。底から続けて模様編みで46段目まで編む。
③持ち手を2本編む。〈図A〉を参照し、組み立てる。飾りパー
　ツを4枚編む。
④側面に持ち手と飾りパーツを付ける。〈図B〉と〈持ち手取
　り付け方〉を参照し、とじ針で持ち手と飾りパーツを縫い
　付ける。

①ポーチ(P.82参照):底を編む。くさり編み35目で作り目
　をし、こま編み72目編み入れる。
②側面を編む。底から続けて模様編みで17段目まで編む。
③Dカンパーツを編み、P.82〈図C〉を参照し、組み立てる。
④レザーミニ持ち手を付ける。

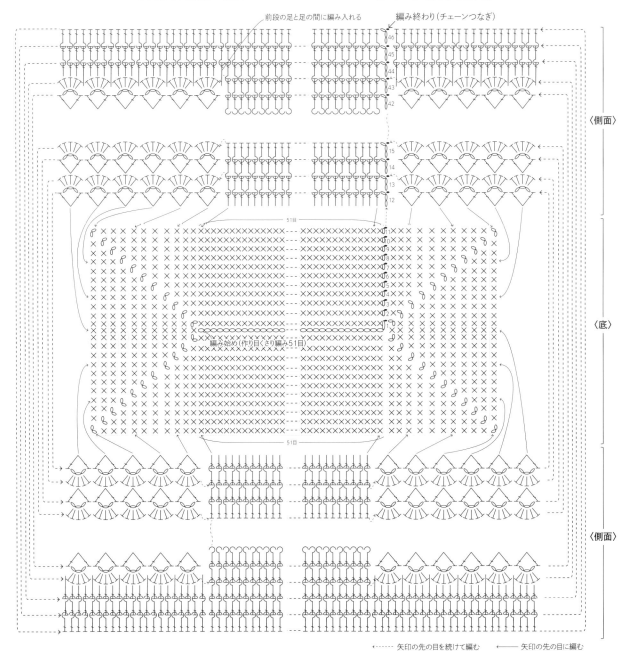

80

目数表

段数	目数	増減数
45、46	192目	増減なし
44	192目	
12～43	102目22模様	
11	192目	
10	184目	
9	176目	
8	168目	
7	160目	+8目
6	152目	
5	144目	
4	136目	
3	128目	
2	120目	
1	112目編み入れる	
作り目	くさり編み51目	

〈持ち手〉(2枚)

編み終わりに糸を
20cm残して切る

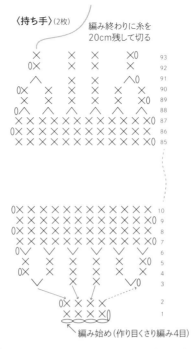

編み始め(作り目くさり編み4目)

∨ = こま編み2目編み入れる

∧ = こま編み2目一度

·····▷ 矢印の先の目を続けて編む

──▶ 矢印の先の目に編む

〈図A〉

持ち手の両端を中心に向かって外表に折り、
とじ針でとじる。

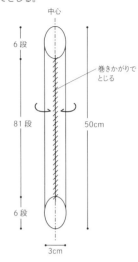

中心

6 段

81 段

6 段

巻きかがりで
とじる

50cm

3cm

〈飾りパーツ〉(4枚)

編み終わりに糸を
20cm残して切る

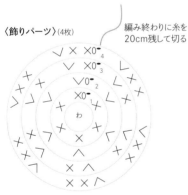

わ

∨ = こま編み2目編み入れる

〈持ち手取り付け方〉

①持ち手の両端を、指定の位置に並
縫いでしっかり縫い付ける。

②飾りパーツの中心と、持ち手の付け根の
中央を合わせ、編み終わりの糸で並縫い
で側面にしっかり縫い付ける。

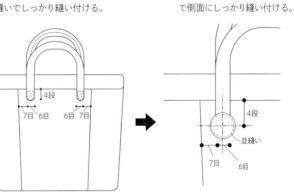

4段

7目 6目　6目 7目

4段

並縫い

7目　6目

〈図B〉

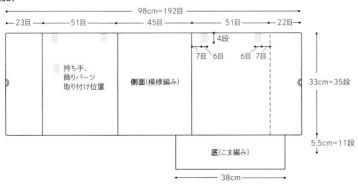

98cm=192目

23目 — 51目 — 45目 — 51目 — 22目

4段

7目 6目　6目 7目

持ち手、
飾りパーツ
取り付け位置

側面(模様編み)

33cm=35段

底(こま編み)

5.5cm=11段

38cm

49cm

43cm

33cm

45cm

38cm

ポーチ

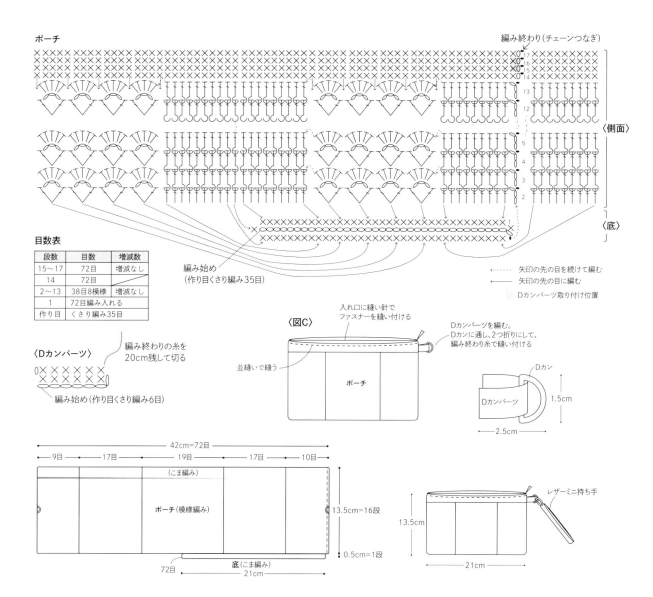

編み終わり（チェーンつなぎ）

〈側面〉

〈底〉

目数表

段数	目数	増減数
15～17	72目	増減なし
14	72目	
2～13	38目8模様	増減なし
1	72目編み入れる	
作り目	くさり編み35目	

編み始め
（作り目くさり編み35目）

‑‑‑‑‑ 矢印の先の目を続けて編む
←─── 矢印の先の目に編む
▢ Dカンパーツ取り付け位置

〈Dカンパーツ〉

編み終わりの糸を
20cm残して切る

編み始め（作り目くさり編み6目）

〈図C〉

入れ口に縫い針で
ファスナーを縫い付ける

並縫いで縫う

ポーチ

Dカンパーツを編む。
Dカンに通し、2つ折りにして、
編み終わり糸で縫い付ける

Dカン

Dカンパーツ

1.5cm

2.5cm

42cm=72目

9目　17目　19目　17目　10目

（こま編み）

ポーチ（模様編み）

13.5cm=16段

0.5cm=1段

72目　底（こま編み）　21cm

レザーミニ持ち手

13.5cm

21cm

21　スクエアバッグ ▶ P.31

[糸] ハマナカ エコアンダリヤ ベージュ（23）260g
[針] かぎ針6/0号、とじ針
[その他] レザー布（15cm×50cm）黒 、ミシン糸
[ゲージ] こま編み 18目19段 模様編み 18目10.5段
[仕上りサイズ] 図参照

[作り方]
①底を編む。くさり編み75目で作り目をし、こま編みで2段
　目まで編む。
②側面を編む。底から続けて模様編みで33段目まで編む。
　34段目からこま編みで編み、すじ編みのところで折り返し、
　巻きかがりで縫う（〈バッグ口の作り方〉参照）。
③持ち手を付ける。レザー布で持ち手を2枚作り、持ち手縫
　い付け位置にミシンで縫い付ける（〈図A〉参照）。

〈バッグ口の作り方〉

すじ編み位置で
内側に折り、巻きかがる

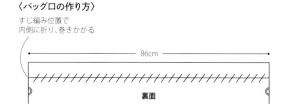

86cm

裏面

〈持ち手〉(2枚)

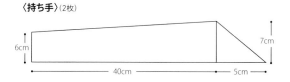

6cm

7cm

40cm　5cm

〈側面〉

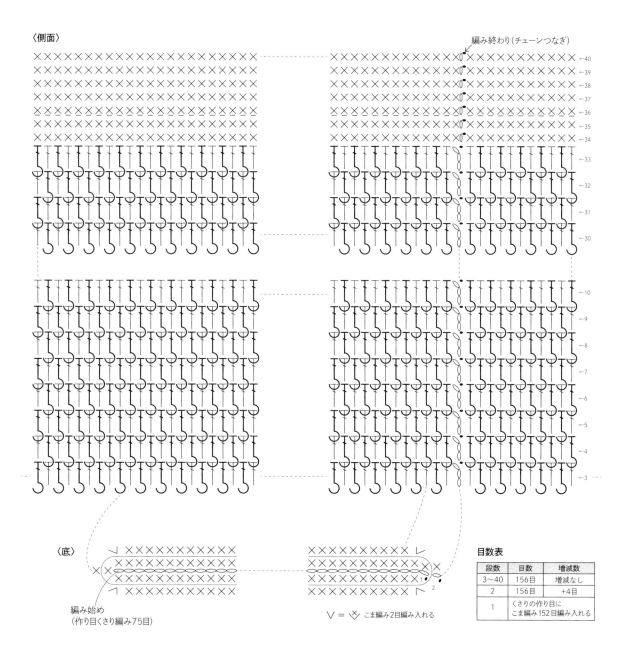

編み終わり（チェーンつなぎ）

←40
←39
←38
←37
←36
←35
←34
←33
←32
←31
←30

←10
←9
←8
←7
←6
←5
←4
←3

〈底〉

編み始め
（作り目くさり編み75目）

∨ = こま編み2目編み入れる

目数表

段数	目数	増減数
3〜40	156目	増減なし
2	156目	+4目
1		くさりの作り目に こま編み152目編み入れる

86cm=156目

側面（模様編み）

2.5cm=5段

31cm=33段

1cm=2段

底（こま編み）

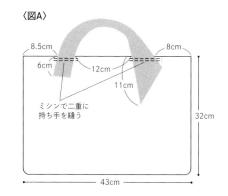

〈図A〉

8.5cm
6cm
12cm
8cm
11cm

ミシンで二重に
持ち手を縫う

32cm

43cm

83

22 メリヤスこま編みのマルシェバッグ ▶ P.32

[糸] ハマナカ エコアンダリヤ ベージュ(23) 265g
[針] かぎ針10/0号、とじ針、縫い針(革用)
[その他] 革(12cm×6cm)茶 2枚、縫い糸
[ゲージ] メリヤスこま編み11目14.5段=10cm
[仕上りサイズ] 図参照

[作り方]
※糸は2本取りで編みます。

①底を編む。わの作り目にこま編みを6目編み入れ、メリヤスこま編みで16段目まで編む(〈メリヤスこま編み針入れ位置〉参照)。

②側面を編む。底から続けてメリヤスこま編みで50段目まで編む(〈メリヤスこま編み針入れ位置〉参照)。

③革を指定の大きさにカットし、持ち手をくるみ、縫い針で縫い付ける。反対側も同様に縫い付ける(〈図A〉参照)。

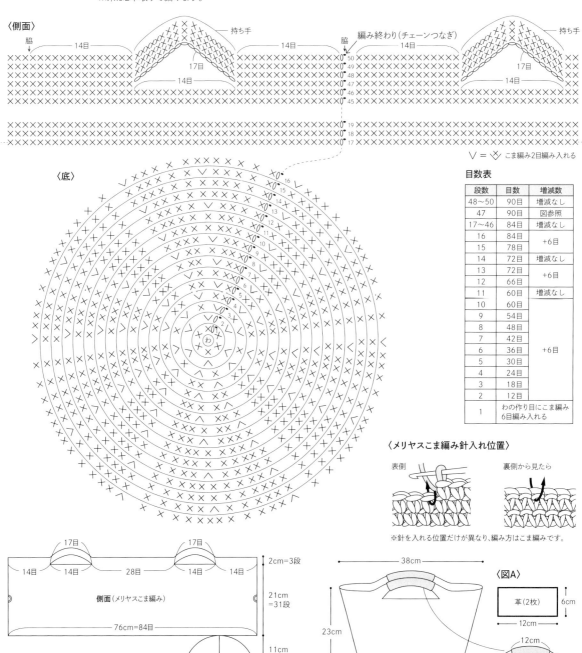

〈側面〉

脇 ←14目→ 持ち手 14目 脇 編み終わり(チェーンつなぎ) 14目 持ち手

17目 17目

50 49 48 47 46 45 … 19 18 17

∨ = ✕✕ こま編み2目編み入れる

〈底〉

わ

16 15 14 13 12 11 10 9 8 7 6 5 4 3 2 1

目数表

段数	目数	増減数
48～50	90目	増減なし
47	90目	図参照
17～46	84目	増減なし
16	84目	+6目
15	78目	
14	72目	増減なし
13	72目	+6目
12	66目	
11	60目	増減なし
10	60目	+6目
9	54目	
8	48目	
7	42目	
6	36目	
5	30目	
4	24目	
3	18目	
2	12目	
1	わの作り目にこま編み6目編み入れる	

〈メリヤスこま編み針入れ位置〉

表側　　　　　裏側から見たら

※針を入れる位置だけが異なり、編み方はこま編みです。

17目　　17目

14目 14目 28目 14目 14目

側面(メリヤスこま編み)

76cm=84目

2cm=3段
21cm=31段
11cm=16段

底(メリヤスこま編み)

38cm

23cm

22cm

〈図A〉

革(2枚)　6cm
12cm

12cm

持ち手を革でくるみかがり縫いする

84

23 吾妻かご風バッグ（小）▶ P.34

[糸] ハマナカ エコアンダリヤ ベージュ（23）40g
[針] かぎ針8/0号、とじ針
[その他] ハマナカレザー底丸型(H204-596-2)黒 1枚、
　　　　 麻布(1.5m幅)35cm、ミシン糸
[ゲージ] こま編み 13目16段
[仕上りサイズ] 図参照

[作り方]
※糸は2本どりで編みます。
①側面を編む。レザー底の表面から編み始め、10段目まで編む。
②持ち手を作る（P.86〈持ち手の作り方〉参照）。
③持ち手を取り付ける（P.86〈持ち手の取り付け方〉参照）。

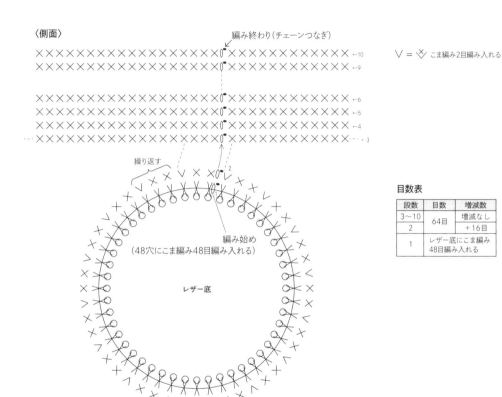

〈側面〉

編み終わり（チェーンつなぎ）

←10
←9
←6
←5
←4
←3

∨ = こま編み2目編み入れる

繰り返す

編み始め
（48穴にこま編み48目編み入れる）

レザー底

目数表

段数	目数	増減数
3〜10	64目	増減なし
2		+16目
1	レザー底にこま編み48目編み入れる	

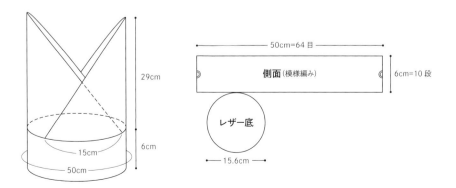

29cm
6cm
15cm
50cm

50cm=64目
側面（模様編み）
6cm=10段
レザー底
15.6cm

〈持ち手の作り方〉 ※ 23、24 共通

①麻布から1cmの縫い代をとり、(大)(小)それぞれのサイズの三角形を4枚切る。

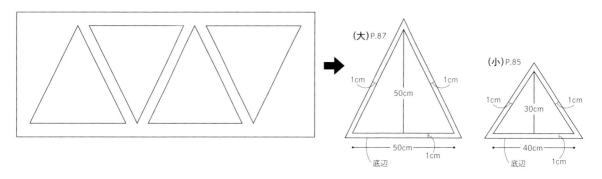

(大)P.87
1cm　1cm
50cm
50cm
1cm
底辺

(小)P.85
1cm　1cm
30cm
40cm
1cm
底辺

②①の2枚を中表にして重ねる。返し
　口を10cm程あけ、ミシンで1周縫う。

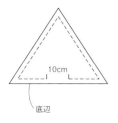

10cm
底辺

③角の余分な縫い代を切り、表に返す。

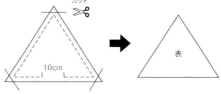

カット
10cm

表

④アイロンをかけ、二辺の縁0.5cm
　内側をミシンで縫う。残り2枚も
　同様に縫う。

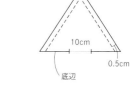

10cm
0.5cm
底辺

〈持ち手の取り付け方〉 ※ 23、24 共通

①三角形の底辺と側面の最終段を合わせ、0.5cm内側を
　ミシンで縫う。

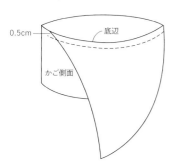

0.5cm
底辺
かご側面

②2枚目の三角形を、小は1枚目と15cm、大は18.5cm重ね、
　ミシンで縫う。

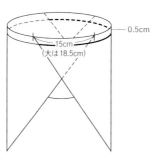

0.5cm
15cm
(大は18.5cm)

③布を持ち上げて結ぶ。

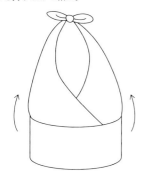

24 吾妻かご風バッグ（大） ▶ P.35

[糸] ハマナカ エコアンダリヤ ベージュ（23）150g
[針] かぎ針8/0号、とじ針
[その他] ハマナカレザー底大（H204-619）ベージュ 1枚、
麻布（1.6m幅）60cm、ミシン糸
[ゲージ] 模様編み 16目22段
[仕上りサイズ] 図参照

[作り方]
※糸は2本どりで編みます。
①側面を編む。レザー底の表面から編み始め、31段目まで編む。
②持ち手を作る（P.86〈持ち手の作り方〉参照）。
③持ち手を取り付ける（P.86〈持ち手の取り付け方〉参照）。

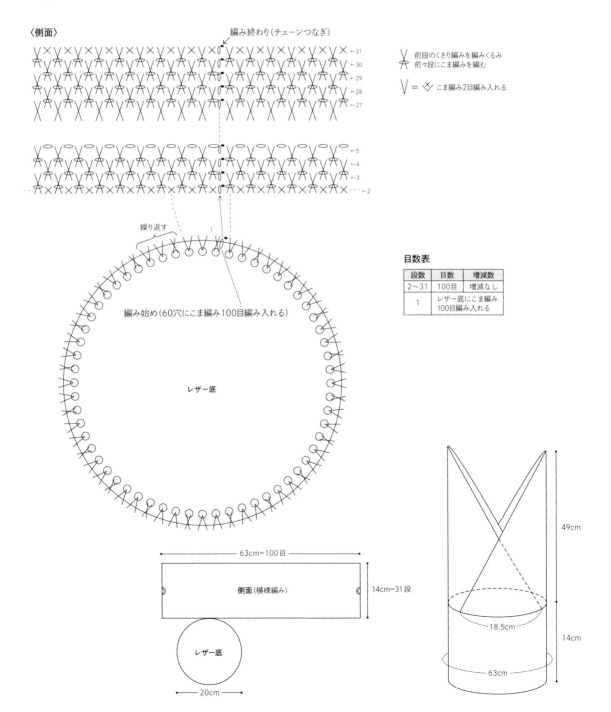

〈側面〉

編み終わり（チェーンつなぎ）

←31
←30
←29
←28
←27

←5
←4
←3
←2

繰り返す

編み始め（60穴にこま編み100目編み入れる）

レザー底

Ⅴ 前段のくさり編みを編みくるみ
Ⅹ 前々段にこま編みを編む

Ⅴ = ⩗ こま編み2目編み入れる

目数表

段数	目数	増減数
2～31	100目	増減なし
1	レザー底にこま編み 100目編み入れる	

63cm=100目

側面（模様編み）

14cm=31段

レザー底

20cm

49cm

18.5cm

14cm

63cm

25 スクエア型のお買い物バッグ ▶ P.36

[糸] ハマナカ エコアンダリヤ ベージュ(23) 280g
[針] かぎ針7/0号、10/0号、とじ針
[その他] ハマナカレザー角底(H204-617-1)ベージュ 1枚
[ゲージ] 本体:こま編み 12目12段
　　　　 持ち手:こま編み 16目16段=10cm
[仕上りサイズ]図参照

[作り方]
※糸は側面は3本どり、持ち手は2本どりで編みます。

①側面を10/0号針で編む。レザー底の表面から編み始め、23段目まで編む。外側の角4カ所の2目のこま編みの足の内側半目ずつを拾い、巻きかがり、角度をつける(〈角の編み方〉参照)。

②持ち手を7/0号針で2本編む。わの作り目にこま編みを10目編み入れ、裏表になるように35段目まで編む。最終段に糸を通し、絞る。

③②を持ち手縫い付け位置にとじ針で縫い付ける(〈図A〉参照)。

〈角の編み方〉
こま編みの足の半目ずつを拾い、2〜23段目を巻きかがる。

〈側面〉

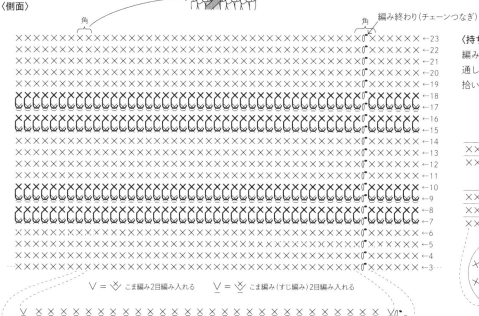

角　　　　　　　　　　　　　　　　　　　　　　　角　編み終わり(チェーンつなぎ)

←23
←22
←21
←20
←19
←18
←17
←16
←15
←14
←13
←12
←11
←10
←9
←8
←7
←6
←5
←4
←3

∨ = こま編み2目編み入れる　　∨ = こま編み(すじ編み)2目編み入れる

編み始め(86穴にこま編み90目編み入れる)

レザー底

〈持ち手〉(2本)
編み終わりの糸にとじ針を通し、最終段の目をすべて拾い引き絞る。

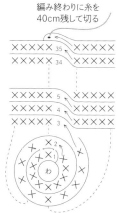

編み終わりに糸を40cm残して切る

目数表

段数	目数	増減数
3〜23	98目	増減なし
2	98目	+8目
1	レザー底にこま編み90目編み入れる	

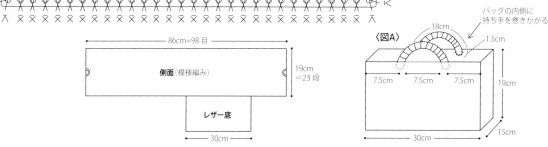

86cm=98目
側面(模様編み)
19cm=23段
レザー底
30cm

〈図A〉
18cm
バッグの内側に持ち手を巻きかがる
1.5cm
7.5cm　7.5cm　7.5cm
19cm
30cm
15cm

26 ロープハンドルのバッグ ▶ P.37

[糸] ハマナカ エコアンダリヤ　ベージュ(23) 200g
[針] かぎ針 8/0号、とじ針
[その他] マクラメロープ(太さ10mm) 260cm、
　　　　 革(10cm×8cm)こげ茶 4枚、両面カシメ
　　　　 (頭径10mm 足7mm) アンティーク 12組
　　　　 穴あけポンチ、カナヅチ
[ゲージ] こま編み12目13段=10cm
[仕上りサイズ] 図参照

[作り方]
※糸は2本どりで編みます。
①底を編む。わの作り目にこま編みを6目編み入れ、14段目まで編む。
②側面を編む。底から続けて、39段目まで編む。
②持ち手を付ける。(〈持ち手の作り方〉参照)。

〈持ち手の作り方〉
①10cm×8cmにカットした革を4枚用意し、ポンチで穴を6カ所あける(〈カシメ用穴位置図〉参照)。
②ロープを半分(各130cm)にカットする。革でロープをくるみ、革取り付け位置にカシメでとめる(〈革取り付け位置〉・P.64〈カシメのとめ方〉参照)。
③持ち手の長さが30cmになるように調整し、両サイドのロープ2本をまとめてひと結びする。結び目から13cm位のところで一度カットし、ロープの撚りを戻す。
④形を整え、結び目から10cmの位置でカットする。

〈革取り付け位置〉
革でロープを巻きくるみ、カシメ差し込み位置で革をとめる。
反対側も同様の位置でとめる。

〈カシメ用穴位置図〉　●=カシメ用穴

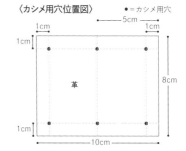

● カシメ差し込み位置

〈側面〉

編み終わり(チェーンつなぎ)

39段目
38段目

39
38
37

17
16
15

←--- 矢印の先の目を続けて編む
←--- 矢印の先の目に編む

〈底〉

わ

目数表

段数	目数	増減数
17～39	90目	増減なし
16	90目	+6目
15	84目	増減なし
14	84目	
13	78目	
12	72目	
11	66目	
10	60目	
9	54目	
8	48目	+6目
7	42目	
6	36目	
5	30目	
4	24目	
3	18目	
2	12目	
1	わの作り目にこま編み6目編み入れる	

80cm

側面(こま編み)

21cm=25 段

10cm=14 段

底(こま編み)

30cm

10cm

31cm

21cm

40cm

27 ポンポン付きサークルバッグ ▶ P.38

[糸] ハマナカ エコアンダリア ベージュ(23) 140g
[針] かぎ針 6/0号、とじ針、縫い針
[その他] スナップボタン(直径15mm)1組、
　　　　 ベージュの縫い糸、厚紙(3.5cm×6cm)
[ゲージ] 円形でのこま編み 10 段＝直径10.5cm
[仕上りサイズ] 図参照

[作り方]
①側面を2枚編む。わの作り目にこま編みを7目編み入れ、26段目まで編む。
②ポンポンを60個作る(〈ポンポンの作り方〉参照)。
③側面(1枚)にポンポンを付ける。②で作ったポンポンの結び目の糸を使い、P.91の編み図のポンポン取り付け位置に、ポンポンを付ける(〈ポンポンの付け方〉参照)。
④③ともう1枚の側面を合わせる。2枚を外表にして合わせ、P.91の編み図の指定位置から2枚一緒に120目をこま編みではぎ合わせる。
⑤バッグ口を編む。④から続けて側面1枚ずつに48目こま編みを編む(P.91参照)。
⑥持ち手を付ける。持ち手を2本編み、縫い目が表に出ないように、持ち手付け位置にとじ針でしっかり縫い付ける。反対側も同様に縫い付ける(P.91参照)。
⑦スナップボタンを付ける。縫い目が表に出ないように、スナップボタン付け位置に縫い針で縫い付ける(P.91参照)。

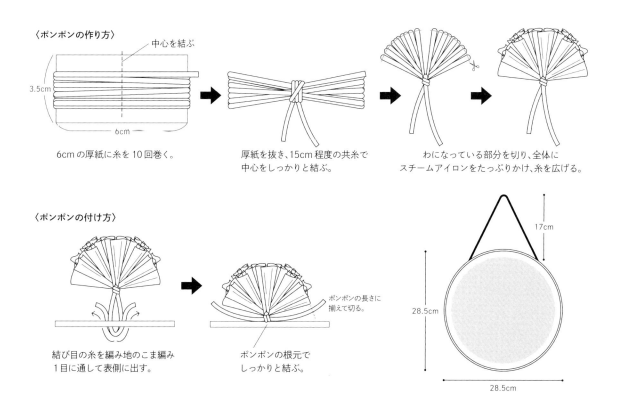

〈ポンポンの作り方〉

3.5cm

6cm

中心を結ぶ

6cmの厚紙に糸を10回巻く。

厚紙を抜き、15cm程度の共糸で中心をしっかりと結ぶ。

わになっている部分を切り、全体にスチームアイロンをたっぷりかけ、糸を広げる。

〈ポンポンの付け方〉

結び目の糸を編み地のこま編み1目に通して表側に出す。

ポンポンの根元でしっかりと結ぶ。

ポンポンの長さに揃えて切る。

17cm

28.5cm

28.5cm

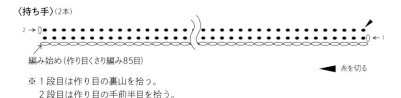

〈持ち手〉(2本)

2 → 0

編み始め(作り目くさり編み85目)

0 ← 1

糸を切る

※ 1 段目は作り目の裏山を拾う。
　 2 段目は作り目の手前半目を拾う。

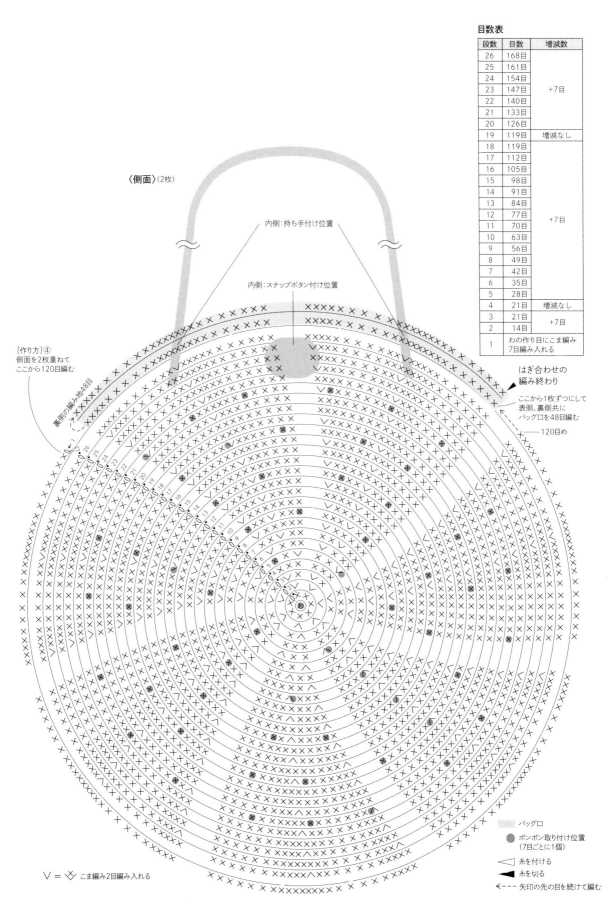

目数表

段数	目数	増減数
26	168目	
25	161目	
24	154目	
23	147目	+7目
22	140目	
21	133目	
20	126目	
19	119目	増減なし
18	119目	
17	112目	
16	105目	
15	98目	
14	91目	
13	84目	
12	77目	+7目
11	70目	
10	63目	
9	56目	
8	49目	
7	42目	
6	35目	
5	28目	
4	21目	増減なし
3	21目	+7目
2	14目	
1	わの作り目にこま編み 7目編み入れる	

〈側面〉(2枚)

内側:持ち手付け位置

内側:スナップボタン付け位置

[作り方]④
側面を2枚重ねて
ここから120目編む

裏側の編み地48目

はぎ合わせの
編み終わり

ここから1枚ずつにして
表側、裏側共に
バッグ口を48目編む

120目め

バッグ口

ポンポン取り付け位置
(7目ごとに1個)

◁ 糸を付ける

◀ 糸を切る

←--- 矢印の先の目を続けて編む

∨ = ✕/ こま編み2目編み入れる

91

28 ざっくり編みのトートバッグ ▶ P.39

[糸] ハマナカ エコアンダリヤ ベージュ(23)60g
[針] かぎ針8mm、7/0号(1段目)、とじ針
[その他] ハマナカレザー底丸型(H204-596-2)黒 1枚
[ゲージ] こま編み 9目14段 = 10cm
[仕上りサイズ] 図参照

[作り方]
①側面を編む。かぎ針7/0号でレザー底の表面にこま編みを48目編み入れる。かぎ針8mmに変え、編み図のとおり、38段目まで編む。
②39段目から持ち手を編む。40段目の前段くさり編みの部分は、裏山を拾って編む。

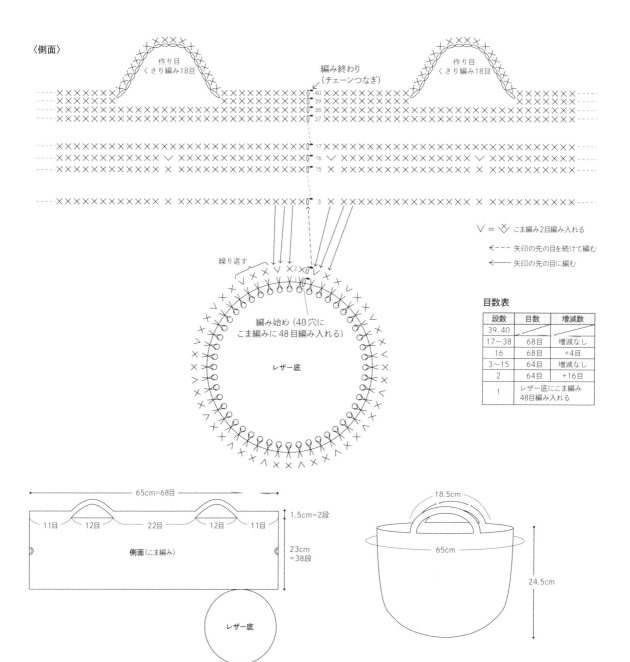

〈側面〉

作り目 くさり編み18目

編み終わり (チェーンつなぎ)

繰り返す

編み始め (48穴にこま編みに48目編み入れる)

レザー底

∨ = ＞ こま編み2目編み入れる

←--- 矢印の先の目を続けて編む

←— 矢印の先の目に編む

目数表

段数	目数	増減数
39、40		
17〜38	68目	増減なし
16	68目	+4目
3〜15	64目	増減なし
2	64目	+16目
1	レザー底にこま編み48目編み入れる	

65cm=68目

11目　12目　22目　12目　11目

側面(こま編み)

1.5cm=2段

23cm =38段

レザー底

15.6cm

18.5cm

65cm

24.5cm

30 レース使いのポシェット ▶ P.41

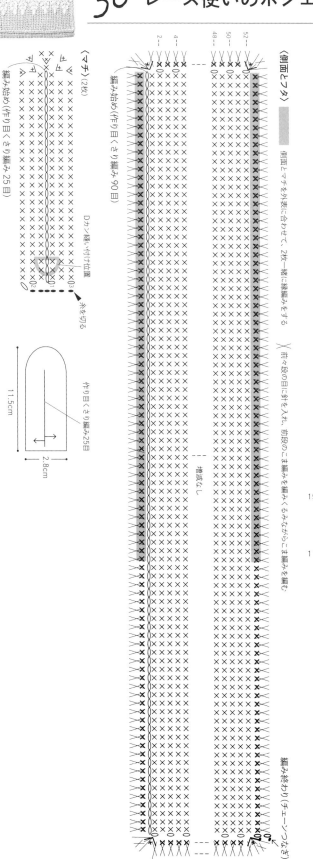

〈側面とマチ〉

側面とマチを外表に合わせて、2枚一緒に縁編みをする

前々段の目に針を入れ、前段のこま編みを編みくるみながらこま編みを編む

増減なし

〈マチ〉(2枚)

編み始め(作り目〈くさり編み90目〉)

編み始め(作り目〈くさり編み25目〉)

Dカン縫い付け位置

糸を切る

編み終わり(チェーンつなぎ)

11.5cm

2.8cm

作り目〈くさり編み25目〉

[糸] ハマナカ エコアンダリヤ ベージュ(23) 105g

[針] かぎ針 5/0 号、とじ針、縫い針

[その他] ハマナカ バッグ用チェーン(約101cm/H210-590-13)アンティーク 1本、Dカン(並半月10mm)アンティークゴールド 2個、縫い付け式マグネットホック(直径14mm)アンティークゴールド 1組、白のケミカルレース(幅9.5cm)30cm、ベージュと白の縫い糸

[ゲージ] こま編み22目22段=10cm

[仕上りサイズ]図参照

[作り方]

①マチを2枚編む。くさり編み25目で作り目をし、往復編みで3段目まで編む。

②側面を編む。くさり編み90目で作り目をし、往復編みで52段目まで編む。続けて縁編みで、マチと合わせる(〈側面とフタ〉、〈図A〉参照)。

③レースを縫い付ける。白の縫い糸でフタ部分に縫い付け、フタからはみ出す部分はカットする(〈図B〉参照)。

④Dカンをとじ針で縫い付ける(〈マチ〉参照)。

⑤マグネットホックをベージュの縫い糸で縫い付ける(〈図A〉参照)。

⑥お好みで、Dカンにチェーンを付ける。

〈図A〉

側面とマチを外表に合わせ、縁編み ▨ 部分と、マチ3段目のこま編みの頭の目を一緒に拾いながら縁編みをする。

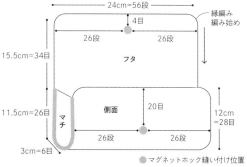

24cm=56段

4目

26段 26段

フタ

15.5cm=34目

縁編み 編み始め

11.5cm=26目

マチ 側面 20目

26段 26段

3cm=6目

12cm=28目

●マグネットホック縫い付け位置

〈図B〉

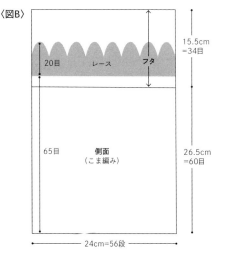

15.5cm=34目

20目 レース フタ

65目 側面(こま編み)

26.5cm=60目

24cm=56段

93

29 モチーフ編みのがま口バッグ ▶ P.40

[糸] ハマナカ エコアンダリヤ ベージュ(23)100g
[針] かぎ針6/0号、とじ針
[その他] ハマナカ 編みつける口金(18cm/H207-019-4)
アンティーク 1組、ハマナカバッグ用チェーン
(約101cm/H210-590-13)アンティーク 1本
[ゲージ] モチーフA＝直径7cm、モチーフB＝直径4.5cm
[仕上りサイズ] 図参照

[作り方]
①モチーフを編む。わの作り目をし、モチーフA、Bを1〜19
の順で編む。2からは最終段で編みつなぎながら編む(〈モ
チーフ配置図〉参照)。
②縁を編む。モチーフから目を拾い、こま編みと長編みで
縁編みする(〈モチーフのつなぎ方と縁編み〉参照)。
③口金を付ける。縁編み2段目で口金を編み込む(〈口金の
拾い方〉、〈口金の拾い位置〉参照)。
④お好みで、口金にチェーンを付ける。

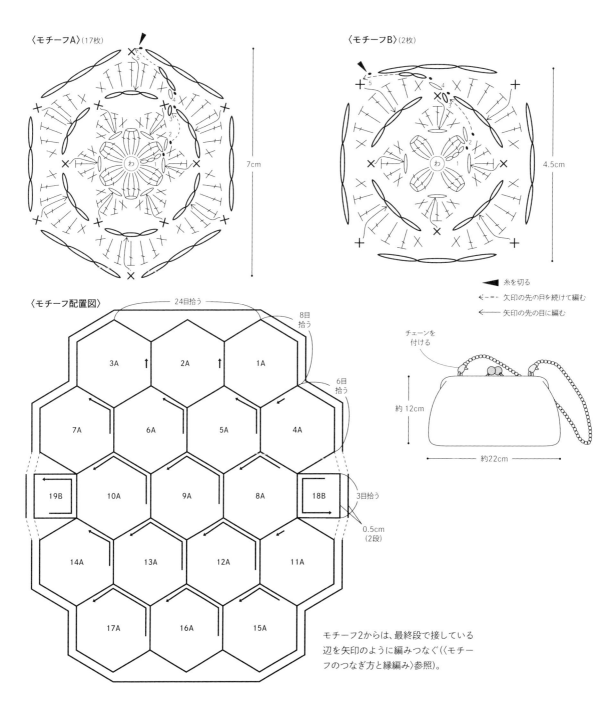

〈モチーフA〉(17枚)　7cm

〈モチーフB〉(2枚)　4.5cm

▶ 糸を切る
←-- 矢印の先の目を続けて編む
←── 矢印の先の目に編む

〈モチーフ配置図〉

24目拾う

8目拾う

6目拾う

3目拾う

0.5cm
(2段)

モチーフ2からは、最終段で接している
辺を矢印のように編みつなぐ(〈モチー
フのつなぎ方と縁編み〉参照)。

チェーンを
付ける

約12cm

約22cm

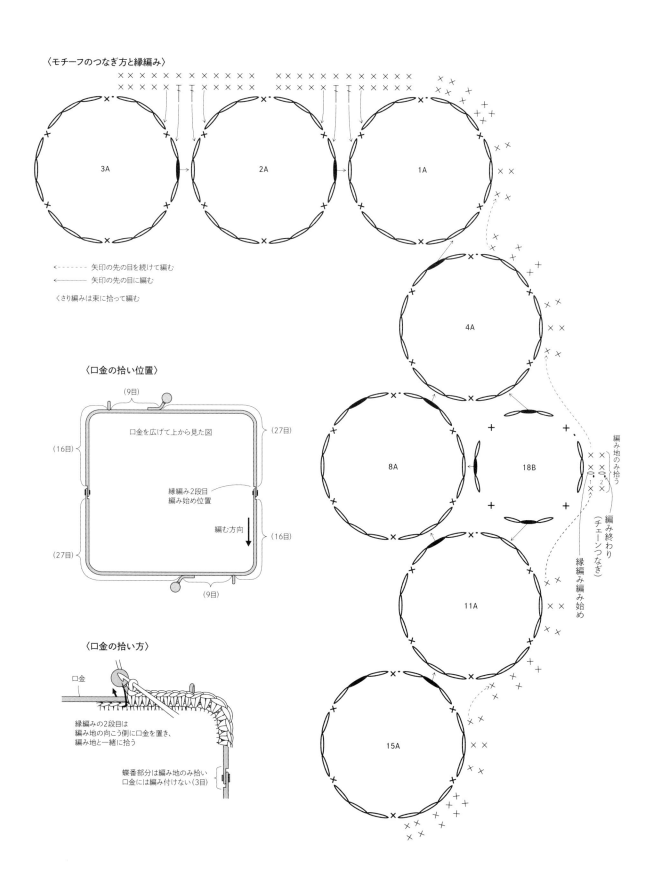

〈モチーフのつなぎ方と縁編み〉

3A 2A 1A

4A

8A 18B

11A

15A

←------ 矢印の先の目を続けて編む
←────── 矢印の先の目に編む

〈さり編みは束に拾って編む〉

編み地のみ拾う

編み終わり
（チェーンつなぎ）

縁編み編み始め

〈口金の拾い位置〉

（9目）

口金を広げて上から見た図

（27目）

（16目）

縁編み2段目
編み始め位置

編む方向

（16目）

（27目）

（9目）

〈口金の拾い方〉

口金

縁編みの2段目は
編み地の向こう側に口金を置き、
編み地と一緒に拾う

蝶番部分は編み地のみ拾い
口金には編み付けない（3目）

編集	武智美恵
デザイン	伊藤智代美
撮影	サカモトタカシ
進行	古池日香留
トレース	ミドリノクマ
校正	Riko リボン
制作協力	小鳥山いん子
モデル	hiromi
ヘアメイク	黒須和恵 (U-say)

作品製作　くげなつみ　　小鳥山いん子
　　　　　高際有希　　　武智美恵
　　　　　blanco　　　　ミドリノクマ
　　　　　Miya　　　　　Rikoリボン

素材提供　ハマナカ株式会社
　　　　　http://www.hamanaka.co.jp/
　　　　　fax.075-463-5159

かぎ針編みの 30 作品

23番糸で編む エコアンダリヤ のかごバッグ

2021 年 5 月 20 日	発　行	NDC 594
2023 年 5 月 2 日	第 4 刷	

編　　者	誠文堂新光社
発 行 者	小川雄一
発 行 所	株式会社 誠文堂新光社
	〒 113-0033 東京都文京区本郷 3-3-11
	電話 03-5800-5780
	https://www.seibundo-shinkosha.net/

印刷・製本　図書印刷 株式会社

編み目記号表

くさり編み　針に糸を巻き付け、糸をかけ引き抜く。

引き抜き編み　前段の目に針を入れ、糸をかけ引き抜く。

こま編み　立ち上がりのくさり1目は目数に入れず、上半目に針を入れ糸を引き出し、糸をかけ2ループを引き抜く。　　**すじ編み**　前段の奥半目に針を入れ、以降はこま編みと同じ。

立ち上がり1目　　上半目に針を入れる

こま編み2目編み入れる　同じ目にこま編みを2目編み入れる。　　**こま編み3目編み入れる**　同じ目にこま編み3目を編み入れる。

   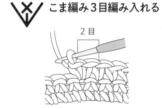

2目　　　　　　　　　　1目増

こま編み2目一度　1目めに針を入れ糸をかけて引き出し、次の目からも糸を引き出し、糸をかけ3ループを一度に引き抜く。

  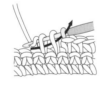 

中長編み　針に糸をかけ上半目に針を入れ、糸を引き出し、さらに糸をかけ3ループを一度に引き抜く。

1回巻く

台の目　立ち上がり2目

長編み　針に糸をかけ上半目に針を入れ、糸を引き出し、さらに糸をかけ2ループ引き抜くを2回繰り返す。

1回巻く

台の目　立ち上がり3目